U0461775

数字时代图书馆学情报学青年论丛（第三辑）

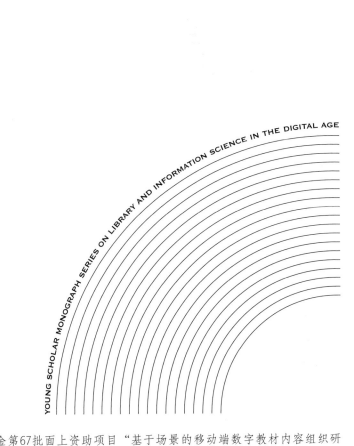

YOUNG SCHOLAR MONOGRAPH SERIES ON LIBRARY AND INFORMATION SCIENCE IN THE DIGITAL AGE

中国博士后科学基金第67批面上资助项目"基于场景的移动端数字教材内容组织研究"（2020M673202）的研究成果之一

数字教材内容组织研究

——基于认知负荷理论视角

Content Organization of Digital Textbook Based on Cognitive Load Theory

王钰 著

WUHAN UNIVERSITY PRESS
武汉大学出版社

图书在版编目(CIP)数据

数字教材内容组织研究:基于认知负荷理论视角/王钰著.—武汉:武汉大学出版社,2022.7
数字时代图书馆学情报学青年论丛.第三辑
ISBN 978-7-307-23059-0

Ⅰ.数…　Ⅱ.王…　Ⅲ.数字化—教材—研究　Ⅳ.G423.3

中国版本图书馆 CIP 数据核字(2022)第 074390 号

责任编辑:黄河清　　　责任校对:李孟潇　　　版式设计:马　佳

出版发行:武汉大学出版社　　(430072　武昌　珞珈山)
(电子邮箱:cbs22@whu.edu.cn　网址:www.wdp.com.cn)
印刷:武汉中远印务有限公司
开本:720×1000　1/16　印张:14.75　字数:219 千字　插页:2
版次:2022 年 7 月第 1 版　　2022 年 7 月第 1 次印刷
ISBN 978-7-307-23059-0　　定价:62.00 元

版权所有,不得翻印;凡购我社的图书,如有质量问题,请与当地图书销售部门联系调换。

序

随着计算机技术发展以及个人数字终端设备的普及，教材正快速地从传统媒体向数字媒体迁移。而在这个迁移过程中，数字教材面临着诸多挑战，其中之一就是如何对数字教材进行内容组织，即如何对数字教材中承载和体现知识、态度及价值观念的材料加以编制。

一方面，内容与内容的容器密不可分，我们是经由"容器"来体验内容的，即体验的是一个"容器—内容"的整体。例如，纸质书的容器由纸张、印刷技术、墨水等要素构成，电子书的容器由屏幕、代码、软件等要素构成，它们在呈现同样一份长篇文字内容时，带给用户的阅读体验和阅读方式是不同的。数字教材基于数字媒体这种新型的内容"容器"，自然需要新的内容组织方式与之相适应、相匹配。另一方面，互联网环境下用户对教材内容的需求愈发趋向个性化和精准化，这也对数字教材的内容组织提出了新的要求。

本书从人类认知规律出发，以提高数字教材的使用和体验效果为导向，尝试探讨了数字教材内容组织的相关问题。首先，界定数字教材内容组织的相关概念，梳理数字教材内容组织的目标与流程，揭示内容组织与认知负荷之间的内在关联。其次，结合理论与实践，按照内容选择、内容架构和内容呈现三个内容组织环节，分别对数字教材内容组织进行了细致的探讨。第一，考察了数字教材内容选择的影响因素，提出了基于学习者先前知识的内容选择取

1

向，分析了不同学科类型和学习层次数字教材的内容选择，还针对学习者的认知过程与个人偏好提出了内容选择策略。第二，探讨了数字教材内容的架构，分别从数字教材内容结构的三个层次——宏观整体结构层面、中观单元结构层面以及微观课程结构层面入手，分析了数字教材内容结构组织的方式，及其适用的学科、层次以及教学目的等。第三，剖释了数字教材内容的多媒体表征及其对于认知负荷与学习效率的影响。从内容表现角度阐述了数字教材中各类媒体的特征和应用场景，并进一步研究了多媒体组合呈现知识内容的方式，以及数字教材中内容线索，包括隐喻线索、信号线索和社交线索的呈现和设计。

通过将认知负荷理论应用于数字教材内容组织，本书为该领域提供了一种可能的视角，以期对数字教材内容组织的理论和实践发展有所助益。

目　　录

引言　走近数字教材 …………………………………………… 1

一、何为数字教材？ …………………………………………… 2

二、数字教材的相近概念 ……………………………………… 3

三、数字教材比传统纸质教材更好吗？ ……………………… 4

第一章　数字教材内容组织 …………………………………… 7

一、数字教材内容组织的概念 ………………………………… 8

二、数字教材内容组织与数字教材设计 ……………………… 10

三、数字教材内容组织的目标 ………………………………… 13

四、数字教材内容组织的环节 ………………………………… 16

五、数字教材内容组织方法 …………………………………… 18

　（一）内容选择方法 ………………………………………… 19

　（二）内容架构方法 ………………………………………… 21

　（三）内容呈现方法 ………………………………………… 23

六、本书的研究问题、方法与内容安排 ……………………… 28

　（一）研究问题 ……………………………………………… 29

　（二）研究方法 ……………………………………………… 30

　（三）内容安排 ……………………………………………… 31

第二章　数字教材内容组织的理论基础及研究框架 ………… 35

一、认知负荷理论 ……………………………………………… 36

（一）认知负荷理论概述 ……………………………… 36

（二）认知负荷的分类 ………………………………… 38

（三）认知负荷的产生机理 …………………………… 41

（四）认知负荷的影响因素 …………………………… 46

二、学习与教学理论 …………………………………… 48

（一）建构主义学习理论 ……………………………… 49

（二）多媒体学习认知理论 …………………………… 51

（三）学科教学知识（PCK）理论 …………………… 53

三、本书理论研究框架 ………………………………… 55

（一）数字教材内容组织的目标导向 ………………… 56

（二）数字教材内容组织的层次与环节 ……………… 59

（三）内容组织影响认知负荷的方式与路径 ………… 60

（四）总体研究框架 …………………………………… 64

第三章　数字教材内容选择 ………………………… 66

一、内容选择的影响因素与认知负荷效应 ………… 66

（一）内容选择的影响因素 …………………………… 66

（二）指导内容选择的认知负荷效应 ………………… 67

二、数字教材内容选择取向 ………………………… 70

（一）教材内容选择取向的演变 ……………………… 70

（二）基于认知负荷的数字教材内容选择取向 ……… 74

三、基于学科类型的内容选择 ……………………… 79

（一）不同学科的内容选择特征 ……………………… 79

（二）不同学科的内容选择策略 ……………………… 81

四、基于学习层次的内容选择 ……………………… 86

（一）不同学习层次内容选择的特征 ………………… 86

（二）不同学习层次的内容选择策略 ………………… 89

五、基于学习者认知特征与偏好的内容选择 ……… 92

（一）选取数字教材脚手架 …………………………… 93

（二）增强内容选择的交互性 ………………………… 102

（三）基于场景进行内容适配 ………………………… 105

第四章　数字教材内容架构⋯⋯⋯⋯⋯⋯⋯⋯⋯⋯⋯ 116
　一、内容架构的层次与认知负荷效应⋯⋯⋯⋯⋯⋯ 116
　　（一）数字教材内容架构的层次⋯⋯⋯⋯⋯⋯ 116
　　（二）指导内容架构的认知负荷效应⋯⋯⋯⋯ 117
　二、宏观内容架构⋯⋯⋯⋯⋯⋯⋯⋯⋯⋯⋯⋯⋯ 120
　　（一）顺序结构⋯⋯⋯⋯⋯⋯⋯⋯⋯⋯⋯⋯ 120
　　（二）层次结构⋯⋯⋯⋯⋯⋯⋯⋯⋯⋯⋯⋯ 126
　三、单元内容架构⋯⋯⋯⋯⋯⋯⋯⋯⋯⋯⋯⋯⋯ 131
　　（一）学科主题单元结构⋯⋯⋯⋯⋯⋯⋯⋯⋯ 132
　　（二）经验主题单元结构⋯⋯⋯⋯⋯⋯⋯⋯⋯ 136
　四、课程内容架构⋯⋯⋯⋯⋯⋯⋯⋯⋯⋯⋯⋯⋯ 140
　　（一）数字教材课程结构特征⋯⋯⋯⋯⋯⋯⋯ 141
　　（二）支架式课程结构⋯⋯⋯⋯⋯⋯⋯⋯⋯⋯ 143
　　（三）建构式课程结构⋯⋯⋯⋯⋯⋯⋯⋯⋯⋯ 148
　　（四）复合式课程结构⋯⋯⋯⋯⋯⋯⋯⋯⋯⋯ 157

第五章　数字教材内容呈现⋯⋯⋯⋯⋯⋯⋯⋯⋯⋯⋯ 160
　一、多媒体内容呈现的认知负荷效应⋯⋯⋯⋯⋯ 160
　二、内容呈现的媒体特征与选择⋯⋯⋯⋯⋯⋯⋯ 162
　　（一）文本的数量控制及表达⋯⋯⋯⋯⋯⋯⋯ 163
　　（二）音频的类型与应用⋯⋯⋯⋯⋯⋯⋯⋯⋯ 166
　　（三）静态图像的功能与使用⋯⋯⋯⋯⋯⋯⋯ 168
　　（四）动态图像的特征与使用⋯⋯⋯⋯⋯⋯⋯ 171
　三、内容呈现的媒体组合方式⋯⋯⋯⋯⋯⋯⋯⋯ 173
　　（一）视听组合呈现⋯⋯⋯⋯⋯⋯⋯⋯⋯⋯⋯ 174
　　（二）时空组合呈现⋯⋯⋯⋯⋯⋯⋯⋯⋯⋯⋯ 179
　四、数字教材内容线索的呈现⋯⋯⋯⋯⋯⋯⋯⋯ 185
　　（一）内容线索的属性、作用机理与类型⋯⋯ 185
　　（二）基于指示线索辅助用户遴选信息⋯⋯⋯ 188
　　（三）基于隐喻线索优化数字教材交互界面⋯ 191

（四）基于社交线索加强情感连接 …………………… 194

第六章 结语…………………………………………… 199

参考文献……………………………………………… 202

引言　走近数字教材

随着计算机的快速发展，技术为学习带来了更多可能，数字教材是承载这些可能的载体之一。例如，数字教材基于移动终端，有利于实现随时、随地的学习；通过整合多媒体技术，有潜力增强学习体验；通过应用人工智能技术，有可能实现部分或总体的个性化教学。同时，人类集体知识（Collective Knowledge）和可获得信息总量正在飞速增长，① 传统教材在储存和更新知识上已存在明显的局限性，数字教材则成为应对该挑战的一种解决方案。

数字教材伴随着计算机技术发展，最早出现于 20 世纪后期。② 总的来说，数字教材是教材数字化的产物，也是电子书应用于教育领域的产物。③ 有学者从形态上将数字教材分为单一文件形态、包文件形态、网络空间形态三个大类，如表 0-1 所示。

其中，单一文件形态包括电子文档和媒体形态。电子文档是最常见也是最传统的数字教材，例如 PDF、WORD 格式的文档常用于数字教学的实践。但这类数字教材仅仅是纸质教材的简单数字化

1

---

① 洛林·W. 安德森. 布卢姆教育目标分类学（修订版）[M]. 北京：外语教学与研究出版社，2018.

② 张桐，杨孝堂，杜若. 远程教育全媒体数字教材发展与创新[J]. 中国电化教育，2017（3）：138-142.

③ 吴永和，杨飞，熊莉莉. 电子课本的术语、特性和功能分析[J]. 现代教育技术，2013，23（4）：5-11.

表 0-1　基于形态的数字教材的分类①

数字教材类型	典型实例
网络空间形态 （开放形态）	网络百科；开放站点
包文件形态 （基于数字学习资源的）	学习软件；教学 APP；电子书
单一文件形态 （媒体形态/电子文档）	音频、视频；PDF、Word

转换，与使用传统教材相比，在学习体验上并无明显优势。而多媒体文件形态的数字教材以多媒体方式呈现教材内容，例如视频、音频，丰富性较传统教材有所增加，但在内容的封闭性上并无太大差异。包文件形态的数字教材在交互性上有所提升，具有一定的开放性，支持一定程度的差异化教学。另外，网络空间形态的教材（例如网络百科）也有作为数字教材进行研究的先例，但总的来说，由于内容可靠性低、知识体系性差，作为数字教材的使用率较低。

一、何为数字教材？

对于数字教材这一概念的理解，不同研究领域的学者根据不同的研究视角，提出了不同的理解和阐述，主要有出版、教育、技术三个角度。

在出版领域，学者从教材内容的设计开发和数字教材发行的研究出发，认为数字教材是由电子书引申而来的概念，是一类面向教育的特殊电子书。数字教材作为电子书中的一种，需要遵循阅读规

---

① 傅伟.电子课本模型构建与技术验证［D］.上海：华东师范大学，2013.

律、促进学习活动开展、符合课程目标要求等。在教育领域，学者强调数字教材的教育、教学特征，普遍认同数字教材是教材概念的子集。从广义上理解，所有能够促进教学、学习的材料都可算是教材。从狭义上来说，教材是一种包括一系列任务和指令，由多媒体组成的媒体组合（Media Mix），数字教材则属于其中的一个亚种，是内容以数字形态存在的教材形式。但传统纸质教材和数字教材都是旨在培养学习者发展认知，为自主性学习、定向学习和系统化学习提供帮助，并鼓励和发展综合学习的过程（包括反思、鉴定、评估等）。而信息技术领域对数字教材进行阐释偏重技术视角。例如将数字教材定义为以网页形式存在的、可重复使用的，能够及时更新数据并具有共享性、开放性、动态可生成性的教学资源；或认为数字教材是基于多媒体技术开发的教学系统。①

本书结合上述观点，立足于出版领域，将数字教材定义为基于数字技术且具有明确教育指导功能的数字出版物。

二、数字教材的相近概念

由于数字教材发展时间短，加上出版商、教育服务提供商、研究机构和政府部门各自分别对数字教材领域进行了研究和探索，从而出现了许多与数字教材相似且互相关联的概念，例如电子教材、电子教科书、数字教科书、电子课本、电子书包等。

这些概念中有一部分仅仅是词汇的使用不同，究其含义其实与"数字教材"一词拥有相同的意涵，因此可以合并理解。例如对于"教材"与"教科书"这两个词，在《中国大百科全书（第二版）》中，教材的狭义概念等同于教科书。另外，通过对教育部提供的《小学教材编写审定管理暂行办法》《中小学教科书选用管理暂行办法》《中小学国家课程教材审定服务指南》等管理文件进行比对，发现

① 李林，王冬，覃文圣，等. 论电子教材取代纸质教材发展趋势的必然性[J]. 中国信息界，2011（5）：42-44.

其中的"教材"与"教科书"含义相同。① 鉴于这样的现实状况，本书在行文中对"教材"与"教科书"做等同的理解。此外，在本书的研究语境下，"电子"和"数字"两个词语的含义指向也不具有明显差异。因此，在非引用状态下，本书将数字教科书、电子教科书、电子教材等归并于"数字教材"的概念。此外，还有"电子课本（e-Textbook 或 Digital Textbook）"，从英文表达上来说，其与数字教材是相互重叠的，因此电子课本和数字教材也可以做相同的理解。

而电子书包（Electronic Schoolbag）是电子课本、阅读设备、虚拟学具、学习服务平台的整合，② 包含学生学习需要的教材、教辅、工具书等，是一种智能型的教育电子产品组合。因此，电子书包是包含数字教材的，其概念的范围更大。相比于电子书包，数字教材更强调包含的学习内容，电子书包则更强调其作为终端实体的存在。③

三、数字教材比传统纸质教材更好吗？

首先，从学习体验上来看。社会信息化的加速给教育形态和教学方式带来了根本性的影响，④ 数字化学习（e-Learning）、智慧学习逐步成为学习的趋势和潮流。数字教材正被广泛应用于这些新型的学习方式中，基于数字教材的合作学习、差异化学习、个性化学习、故事化学习、个人兴趣拓展学习等学习方式层出不穷。另外，数字教育产业快速发展，数字教材市场涌入了大量的数字教材开发商，推出了各式各样的新颖的数字教材产品。数字教材中广泛应用

① 乐进军. 从纸质教材到电子教材——教材数字化变革研究［M］. 北京：北京师范大学出版社，2017.

② 吴永和，雷云鹤，马晓玲. 电子书包中的电子课本应用需求研究——基于电子课本标准的视角［J］. 中国电化教育，2013(5)：73-77.

③ 陈桄，黄荣怀. 中国基础教育电子教材发展战略研究报告［M］. 北京：北京师范大学出版社，2013.

④ 黄荣怀，张晓英，陈桄，王晓晨，赵姝，龚朝花. 面向信息化学习方式的电子教材设计与开发［J］. 开放教育研究，2012，18(3)：27-33.

动画、视频、音频、AR、VR 等媒体技术，带来了让人感到新鲜的学习体验。

另外，从学习需求来看，国内 2000 年左右及以后出生的用户被称为"数字原住民（Digital Native）"①，他们通常从出生就伴随着无所不在的互联网，网络就是他们的生活方式，因而他们与传统用户有着很大的差异，例如具有追求个性化、注意力片段化、信息检索能力强、多线程任务处理能力强等特质。② 他们对数字技术非常熟悉和适应，对数字化学习、数字教材的需求更强。同时，数字化教学方式改变了课堂和师生的概念。例如课程地点和时间的限制性越来越小，课程的类型和概念越来越细分，教师角色逐步转变为顾问、主持人和小组工作的组织者，基于合作的学习、差异化教学、个性化学习、故事化学习、个人兴趣拓展学习等教学模式层出不穷、发展迅速。这些新兴教学模式需要新型的数字教材资源支持。

虽然数字教材的功能增强在理论上能够有效提升学习体验，满足新的学习需求，是教育工具发展的一个重大进展，但是从实践上看，目前数字教材在提高学习体验和效果上是不确定和不稳定的，有时甚至很难分清其中一些所谓的数字教材到底是教材还是游戏。一些研究也表明，目前并不能证明使用数字教材的学习效果比使用传统教材更好。从 1947 年至今，70 余年的研究表明，教材的载体、形式不是影响学习者学习效果的决定性因素，最重要的在于教材所依据的学习方法，③ 并据此进行的内容组织。④

---

① Bennett S, Maton K, Kervin L. The "digital natives" debate：A critical review of the evidence（in Chinese）[J]. British Journal of Educational Technology, 2008, 39(5)：775-786.

② Small G W, Vorgan G. iBrain：Surviving the technological alteration of the modern mind [M]. New York：HarperColins Pubishers, 2008.

③ Clark R E. Learning from media [M]. Greenwich, CT：Information Age Publishing. 2001.

④ Tallent-Runnels M K, Thomas J A, Lan W Y, Cooper S, Ahern T C, Shaw S M, Liu X. Teaching courses online：A review of the research [J]. Review of Educational Research, 2006, 76(1)：93-135.

就目前而言，数字教材的内容组织过程大多缺乏理论指导，凭经验、直觉甚至噱头进行知识内容的组织，在教学效果上是存疑的。而且当前市场过度宣传多媒体技术强大的内容表现力，不遗余力地吹嘘动画、视频、音频、交互、AR、3D 这些技术带来的新鲜感，已经让一些数字教材给用户带来视觉疲劳、信息冗余、交互不友好等负面使用体验，成为妨碍数字教材产品进一步发展的隐患。也无怪乎有研究者呼吁数字教材的设计开发应回归以教育技术为指导，①② 只有真正展现出数字教材的学习和教学优势，数字教材产业才能获得健康可持续的发展。

---

① 何克抗. 教育技术专业培养的人才应具有的知识能力结构及课程体系[J]. 中国点化教育，2007(11)：11.

② 邓文虹. 电子教材研发的思考与实践——以人教版电子教材的研发为例[J]. 课程·教材·教法，2011，31(12)：32-36.

第一章　数字教材内容组织

　　相比于传统教材，数字教材在多个方面对教材功能进行了突破，而新功能也意味着对新的内容组织方法的需求。例如数字教材支持订制化学习，即数字教材能够根据不同学习者的情况调整内容和教学方法，就需要数字教材中的内容能够根据需要进行重组；数字教材还具有多媒体特征，使用文本、音频、等媒体来传达内容并帮助学生获取相关知识和技能，也就需要数字教材对内容的多媒体呈现进行合理的安排；此外，数字教材还支持协作学习、游戏化（Gamification）学习等，都对教材的内容组织提出新的要求。

　　随着教育信息化、市场化趋势的不断深化，国家政策加大力度支持教育信息化的发展。教育部在《2018 年教育信息化和网络安全工作要点》中明确提出开展利用现代信息技术构建新型教学组织模式的研究与应用。并且，随着我国新一轮课程标准修订工作的推进，在课程实施层面，与之相适应的数字教材研究与开发也提上日程。

　　为了实现数字教材的教育功能，提升数字教材教学效果，促进数字教材产业的健康发展，数字教材的内容组织必须按照一定规范系统地、全面地再现所要教授的学科的知识内容库，有条理地、有方法地、有教育意义地组织和展示学习内容。

　　数字教材内容组织植根于数字教材设计研究范畴，本章在全面审视相关研究的基础上，首先对数字教材内容组织的相关概念进行梳理和辨析，其次探讨数字教材内容组织研究与数字教材设计研究的关系，最后梳理了数字教材内容组织的目标、环节和方法。通过文献综述我们发现，对于数字教材内容组织的研究已取得了不少成果，但有待进一步的系统性整合，以及相关理论的补充。

一、数字教材内容组织的概念

关于数字教材内容组织的概念，从"内容"的定义来看，内容在语词含义上是指"事物内部所含有的实质或存在的情况"①，强调了事物的内在构成，包含之物的内涵。在哲学中内容是"构成事物的内在诸要素的总和"②。同时，"内容"与"形式"相对存在、相互依赖，因而对内容进行研究必然也要研究内容的形式。形式是内容的存在方式，是内容的结构和组织。因而教材内容也可以说是教材包含的内在要素和外在形式的总和。

北京师范大学知识工程研究中心主任黄荣怀等认为教材的本质是课程的载体，③④ 台湾地区学者欧阳钟仁将教材定义为狭义的课程，⑤ 曹明海等则直接陈述"教材即课程"。⑥ 由此，俞红珍在对"课程内容""教材内容"以及"教学内容"术语进行定义和辨析时，

① 夏征农，陈志立. 大辞海·语词卷4[M]. 上海：上海辞书出版社，2011：2105.

② 夏征农，陈志立. 大辞海·哲学卷[M]. 上海：上海辞书出版社，2011：125.

③ Fuchs E, Henne K. History of the school textbook. In: Fuchs E, Bock A (eds). The palgrave handbook of textbook studies[M]. New York: Palgrave Macmillan, 2018: 25-56.

④ 胡定荣. 教材分析：要素、关系和组织原理[J]. 课程·教材·教法，2013（2）：17-22.

⑤ 欧阳钟仁. 现代启发式科学教学研究[M]. 台北：幼狮文化事业公司，1979：112.

⑥ 曹明海，赵宏亮. 教材文本资源与教学内容的确定[J]. 语文建设，2008(10)：4-6.

提出教材内容即课程内容的体现。① 而课程内容一般指"特定形态课程中学生需要学习的事实、概念、原理、技能、方法、态度及价值观念等"。因而教材内容即指一切有效传递、体现课程内容的文字与非文字材料。② 另外，对"教材内容"术语的理解需要避免与"教学内容"发生混淆。教学内容是指导者(例如教师)对教材进行个性化创造性的演绎，是具体的、个别的，融入了指导者自己的思想观念和教学观念，因此指导者生成的教学内容根据指导者自身的水平既有可能是正面的，也有可能是负面的，具有不确定性。

而"组织"一词有名词即"Organization"和动词即"Organize"两种使用方式，在本书中作动词使用。《辞海》中对组织的定义为"按照一定的目的、任务和形式加以编制"。③ 而《现代汉语词典》对"编制"的定义则是根据资料做出规程、方案、计划等。④

由于教材内容是课程内容的直接反映，因此在对教材内容组织进行定义的时候，有必要参考课程内容组织的概念。泰勒认为课程内容组织是"把学习经验组织成单元、学程、教学计划的程序"；台湾地区课程学者黄政杰认为课程内容组织是指"将课程的各种要素或成分妥善加以安排，使其力量彼此和谐，对学生的学习效果产生最大的累积作用"。⑤ 阿姆斯特朗(D. G. Armstrong)认为课程组织是解决选择什么内容、如何选择内容、如何转化内容、内容如何序列化、如何考虑内容的优先度等问题的活动。⑥

---

① 俞红珍. 课程内容、教材内容、教学内容的术语之辨——以英语学科为例[J]. 课程·教材·教法，2005(8)：49-53.

② 俞红珍. 课程内容、教材内容、教学内容的术语之辨——以英语学科为例[J]. 课程·教材·教法，2005(8)：49-53.

③ 辞海(中)[Z]. 上海：上海辞海出版社，1979：2653.

④ 韩艳梅. 语文教科书编制研究[D]. 上海：华东师范大学，2004.

⑤ 曾文静. 基于课程内容组织原则对数学教材适切度分析的研究——以人教版义务教育阶段三角形知识内容为例[J]. 课程教学研究，2018(12)：48-53.

⑥ 彭虹斌. 课程组织研究——从内容到经验的转化[D]. 广州：华南师范大学，2004.

本书综合上述定义，结合认知负荷理论的学习目标，将数字教材内容组织定义为以提高学习者学习效率为目标，对数字教材中承载和体现知识、态度及价值观念的材料加以编制的活动。

需要指出的是，目前在已有的研究中，内容组织大多针对传统教材展开，而围绕数字教材的研究则相对较少。区别于传统教材内容组织，数字教材的内容组织具有明显的独特性。首先，数字教材自身与传统教材有很大的差异，从功能上来说，数字教材功能的增强拓展了内容组织的可能性，例如构建自适应的内容结构特性，从富媒体特征角度来说，数字教材的内容的多媒体呈现也表现出了前所未有的多样性。其次，数字教材内容组织的参与者相比于传统教材也有所增加。传统教材内容组织的实施者主要是教材的设计编写者，而数字教材则让学习者也参与内容组织的活动，例如开放式的数字教材允许学习者自主进行内容选择。当然，尽管数字教材内容组织发生了变化，但其仍然继承了传统教材内容组织理论与实践成果，并从中汲取养分，获得借鉴和参考。

二、数字教材内容组织与数字教材设计

数字教材内容组织作为一个相对较新的研究领域或研究视角，与数字教材设计这一范畴密切相关。它在一定程度上从属于数字教材设计研究的范围，与之相互重叠，[1][2] 但数字教材内容组织的关注点和重点又与数字教材设计有一定差异。

数字教材设计的发展继承了教材设计，教材设计是"根据教学目标，运用系统科学方法，设计、开发、编写(制)、编辑、评价

---

[1] Bransford J D, Brown L A, Cocking R R. How people learn：Brain, mind, experience, and school[M]. Washington, DC：National Academy Press. 1999.

[2] Mäntylä T. Didactical reconstruction of processes in knowledge construction：Pre-service physics teachers learning the law of electromagnetic induction[J]. Research in Science Education, 2011(42)：791-812.

教材的理论、原则和方法体系"①。格林(Glynn)等在《教学材料设计：特别问题概论》一书中提出了教材设计模型，② 黄显华等在其基础上进行修正，修订出如下模型(图1-1)，体现了教材设计的程序结构。毕华林也根据泰勒的《课程与教学基本原理》(*Basic Principles of Curriculum and Instruction*)所提出的课程开发原理，构建了一个环形教材设计模式，如图1-2所示，包括确定学习目标、选择学习内容与经验、组织并呈现学习内容和学习经验、评价五个环节。可以看出，教材设计关注的是教材实体，包含了从学习目标到设计思想、设计制作、再到教材评价的完整过程。

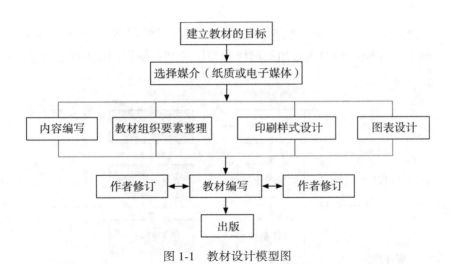

图1-1　教材设计模型图

在教材设计模型的基础上，学者们又提出了数字教材的设计模型。例如，黄荣怀等提出了数字教材设计开发过程是由需要分析、学习设计、媒体开发、作品发布四个层层递进的阶段

11

---

① 范印哲. 教材设计导论[M]. 北京：高等教育出版社，2003：21.

② Glynn S M, Andre T, Britton B K. The design of instructional text：Introduction to the special issue[J]. Educational Psychologist, 1986, 2(4)：245-251.

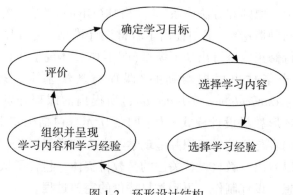

图 1-2 环形设计结构

组成的（图 1-3）。① 内容分析环节需要在对学习者进行分析的基础上，表征课程的核心知识模块和知识类型；知识图绘制阶段则主

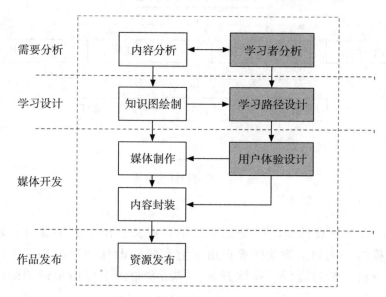

图 1-3 数字教材设计开发过程

① 黄荣怀，张晓英，陈桄，王晓晨，赵姝，龚朝花. 面向信息化学习方式的电子教材设计与开发[J]. 开放教育研究，2012，18(3)：27-33.

要负责明确知识的层次和关系结构，并为学习者形成学习的路径；媒体制作与内容封装阶段着力于媒体设计和感官呈现，以及根据需要选择知识的封装方式。

除此之外，王晓晨等则在加瑞特（Garrett）①提出的用户体验元素模型的基础上，提出了数字教材设计模型，包括战略层（学习者需求和目标）、范围层（内容设计等）、结构层（结构设计等）、框架层（界面设计等）、表现层（视觉设计）等五个层面，② 谭静等通过对数字教材特征进行分析，将数字教材的设计过程总结为内容设计、功能设计和富媒体化设计，③ 而功能在很大程度上由结构来实现。

可以看出，数字教材设计关注的是数字教材实体，包含从学习目标到内在设计思想、到设计制作，再到教材评价的完整过程。而数字教材内容组织则处于教材设计流程的中间环节，重点关注教材中承载的知识内容，包括内容的范围数量、结构以及外在表现等。④ 且这三个面向之间关系十分密切，在设计流程上有较为固定的顺序关系。

三、数字教材内容组织的目标

国内外对于数字教材内容组织的研究涉及内容和视角十分广泛，从学科范围上来看，涵盖了包括教育学、心理学、脑科学、出版学、社会学在内的多个学科领域。⑤ 例如，澳大利亚新南威尔士

① 加瑞特. 用户体验的要素[M]. 北京：机械工业出版社，2008.

② 王晓晨，杨娇，陈桃，黄荣怀. 基于用户体验元素模型的电子教材设计与应用研究[J]. 中国电化教育，2015(10)：82-87.

③ 谭静，罗明，彭艳，林亚平，阳仁达.《实验针灸学》数字化教材特征分析及设计[J]. 教育教学论坛，2018(35)：192-193.

④ 方雪琴，毛齐明. 小学英语教材知识呈现方式的比较研究[J]. 课程教学研究，2018(5)：32-35.

⑤ 钟岑岑. 国内数字教材研究现状文献综述[J]. 数字教育，2016，2(5)：12-18.

大学的斯威勒（Sweller）等从心理学角度出发，依循人类认知结构提出了教材内容组织的认知负荷效应，① 在领域内具有一定指导性作用。美国加州大学圣巴巴拉分校的理查德·梅耶（Richard Mayer）等结合了学习和多媒体理论，详细考察了数字教材的内容呈现问题。② 北京师范大学的黄荣怀教授团队从哲学、教育学、管理学和计算机科学等领域出发，对数字教材的内容组织进行了探讨，注重实践性和应用性。③ 同时，首都师范大学的孙众等也对数字教材及相关资源的组织和应用进行了较为深入的探索，天津师范大学的游泽清、王志军等则从语言学角度切入，提出了"多媒体画面艺术理论"和"画面语言学"，重点研究了数字教材内容的多媒体语法规则。④ 除此之外，教育出版业界也对该领域颇有建树，以人民教育出版社为代表，基于自身对数字教材的开发实践，从商业出版和内容产品生产角度对数字教材内容组织进行了探索。

总的来说，从不同的研究角度出发，研究者们对数字教材内容组织的关注重点和需要达成的目标可以分为三个流派，分别是"物品"流派、"用品"流派和"产品"流派。⑤

一部分研究者将数字教材视为一种"物品"，即一种存在于数字世界的客观实体，关注重点在于数字教材的实体形态。这个角度下的内容组织多考虑数字教材内容的技术实现、系统开

---

① Sweller J. Instructional design consequences of an analogy between evolution by natural selection and human cognitive architecture[J]. Instructional Science, 2004, 32: 9-31.

② Mayer R E, DeLeeuw K E, Ayres P. Creating retroactive and proactive interference in multimedia learning[J]. Applied Cognitive Psychology, 2007, 21: 795-809.

③ 黄荣怀, 郑兰琴. 隐性知识及其相关研究[J]. 开放教育研究, 2004(6): 49-52.

④ 游泽清. 开启"画面语言"之门的三把钥匙[J]. 中国电化教育, 2012(2): 78-81, 135.

⑤ 朱彩兰, 李艺. 电子教材的本质辨识：来自三个世界的观察[J]. 电化教育研究, 2017, 38(11): 75-80.

发等方面。① 譬如，朱珂等基于主题图对网络课程教材的知识组织进行了研究，② 冯鸿涛则对数字教材中的知识元本体进行了研究。③ 胡畔等从组成要素出发进行研究，构建了一个以学习内容为中心，以配套服务为支持环境的功能模型，④ 关注内容组织的标准、脚本语言、自动排版等技术层面。⑤

也有一部分学者从"用品"的角度出发，将数字教材看作教学世界中的一种工具，而本质上仍然是教材，需要具备教育性。⑥ 因而在这种角度下的内容组织主要考虑其教育功能的实现。如邓文虹探讨了教材内容组织如何促进学习者获取知识、形成能力，以及提高成绩。⑦ Daniel 等则调查了以病人为中心的慢性心力衰竭药物使用的指导是否有利于增强老年慢性心力衰竭患者对药物信息的理解和记忆。⑧

同时，还有研究者将数字教材看作一种"产品"，即数字教材是商品世界中的一种服务于教育活动的文化产品。随着富媒体时代用户体验需求的提高，数字教材也需要通过对内容进行系统地组

① 乔宇，杨静. 线性代数动态教科书系统的设计与实现[J]. 物联网技术，2018，8(6)：111-115.

② 朱珂，刘清堂，叶阳梅. 基于主题图的网络课程知识组织研究[J]. 电化教育研究，2014，35(1)：91-96.

③ 冯鸿滔. 基于知识组织理论的文字教材知识元本体研究[J]. 河北广播电视大学学报，2018，23(5)：56-66.

④ 胡畔，王冬青，许骏，等. 数字教材的形态特征与功能模型 [J]. 现代远程教育研究，2014(2)：93-98，106.

⑤ 胡畔，柳泉波. "教育云服务+云终端"模式下的数字教材研究[J]. 现代教育技术，2018，28(3)：85-91.

⑥ 李芒，孙立会. 关于电子教科书基本问题的探讨[J]. 教育研究，2014(5)：100-106.

⑦ 邓文虹. 电子教材研发的思考与实践——以人教版电子教材的研发为例[J]. 课程·教材·教法，2011，31(12)：32-36.

⑧ Daniel G Morrow, Michael Weiner, James Young, Douglas Steinley, Melissa Deer, Michael D Murray. Improving medication knowledge among older adults with heart failure: A patient-centered approach to instruction design[J]. The Gerontological Society of America, 2005, 45(4)：545-552.

织，提供传统教材不具备的沉浸式的阅读和学习体验来吸引用户。在这个视角下对数字教材进行内容组织主要从产品开发角度出发，考虑选题、编写、审定、流通等各个环节的处理，以及关注用户体验①、用户接受度、销售和运营等商品方面的特点。例如，李科生等研究了互联网环境下数字教材的内容组织，从人员建设视角（通过加强编写团队的组建，请名师和优秀的行业专家来编写）为数字教材内容组织提供了建议。② 康合太等针对第二代人教版数字教材提出了三段式开发过程和四个测试角度。③

　　这三种视角相辅相成互相关联，但就目前的国内研究来说，将重点放在"物品"和"产品"层面的数字教材内容组织研究较多，而从"用品"视角出发进行内容组织的研究较少，整体看来偏重"数字化"努力，而缺少"教材"特征。④

四、数字教材内容组织的环节

　　对于数字教材内容组织的具体环节，不同的研究者给出了自己不同的理解。

　　一些学者认为教材的内容组织最主要环节是教材内容的选材，例如常俊跃对高校英语教材内容同质化的问题提出了解决方案，提出了"英语文学""英语语言学""英语国家研究""相关专业"模式的

---

　　① 王晓晨，郭鸿，杨孝堂，张晓英，黄荣怀，陈桃. 面向数字一代的电子教材用户体验设计研究——以《Photoshop 图像处理》电子教材的用户体验设计为例[J]. 电化教育研究，2014，35(4)：77-82.
　　② 李科生，蒋志辉. "互联网+"支持下的"立体化教材"开发探讨[J]. 出版科学，2018，26(1)：43-46.
　　③ 康合太，沙沙. 数字教材建设的探索与实践——以第二代"人教数字教材"为例 [J]. 中国电化教育，2014(11)：80-84，100
　　④ 牛瑞雪. 我国数字教科书的研究现状、不足与展望[J]. 课程·教材·教法，2014，34(8)：19-25.

选材方案;① 杨培林等也认为内容组织的主要任务是内容选材，对机械设计教材的内容选材进行了研究;② 孙伟峰等对计算机数字教材的内容选材进行了分析。③

而也有一部分研究者认为教材内容组织的重点是内容的架构，例如石树伟④、李娟⑤、林凌等⑥都将内容组织等同于内容架构，认为内容组织的目标就是建立一个结构合理的内容体系。而从架构的层次上来看，其中大部分学者关注内容架构的中观层面，也即单元层面的内容架构，例如李德才等讨论了化学实验教材的单元架构。⑦

尽管这些学者对教材内容组织的主要内容看法不同，但他们通常赞同内容选择与内容架构是不可分割的整体，都属于教材内容组织的范畴，也往往按照先内容选材、后内容架构的顺序进行整体性的研究。⑧ 例如张云天等就将数字教材的内容组织分为静态组织和动态组织，其中静态组织是对内容的选择，动态组织则聚焦于内容的排序。⑨

---

① 常俊跃. 对我国高校英语专业课程学科内容组织模式多元化的思考[J]. 中国外语，2015，12(2)：8-14.

② 杨培林，文永红，陈丽. 复杂工程问题解决能力培养中《机械设计基础课程设计》教学内容与组织[J]. 机械设计，2018，35(S2)：65-67.

③ 孙伟峰，惠煌，夏锋. MOOC 参与的计算机网络教学内容组织和教学方法研究[J]. 计算机教育，2015(22)：71-74.

④ 石树伟. 大道至简：再议数学教学内容的结构化组织[J]. 数学通报，2014，53(1)：18-21

⑤ 李娟，穆肃. 基于认知风格理论的网络课程学习内容设计[J]. 远程教育杂志，2006(2)：36-38，60.

⑥ 林凌，曾周末，栗大超，张宇，刘蓉. "电路、信号与系统"课程内容组织体系[J]. 电气电子教学学报，2018，40(5)：52-56.

⑦ 李德才，郑长龙. 化学实验教科书内容的选择与组织[J]. 化学教育，2010，31(11)：3-5，12.

⑧ 顾继玲. 关于数学教材内容的选择与组织[J]. 数学通报，2017，56(2)：1-4，66.

⑨ 张天云，崔玲玲. 基于 SCORM 的网络课程内容组织的研究[J]. 中国远程教育，2010(1)：48-52，79.

　　另外，这些学者往往将内容的呈现问题划归到内容结构问题当中，例如孙凌霄在在探讨物流教材的内容组织时，将内容组织分成了选择内容范围、内容呈现方式以及内容导航次序三个环节，① 其中既包括结构的呈现，又夹杂了媒体的呈现。又如，陈仕品等在探讨适应性数字教材的内容组织时，将内容组织分为学习内容适应性选择和学习内容的适应性呈现，在内容呈现环节又分为确定内容序列、确定媒体类型、调整媒体类型等内容。邓立新等也将数字教材的内容组织分为"选材"和"用材"，其中用材环节除了分析结构，也强调了多媒体呈现内容的组织。② 从中我们可以看出，研究者事实上已经将内容呈现包含在了教材内容组织之中，但缺乏明确的区分。由此，一些学者将内容呈现问题从教材架构问题中独立出来，进行重点探讨，例如赵玉东③、徐加美等④。

　　由此我们可以发现，数字教材内容组织总的来说可以分为内容选择、内容架构和内容呈现三个环节。从三者关系上看有顺序上的递进关系，需要先选择内容、再进行架构以及呈现。

五、数字教材内容组织方法

　　研究者们探讨了数字教材内容组织的方法，我们从内容选择方法、内容架构方法、内容呈现方法三个方面出发分别进行梳理。

---

　　① 孙霄凌. 适应性学习视角下的物流信息管理类课程内容组织策略探析——以南京邮电大学为例[J]. 高教论坛，2017(12)：55-61.

　　② 刘立新，邓方. 基于"真实"材料的视听说教材编制[J]. 华文教学与研究，2018(3)：31-37.

　　③ 赵玉东. 浅析数字化媒体对中小学教材编制体系的影响[J]. 编辑学刊，2016(4)：23-27.

　　④ 徐加美，彭慧. 基于迁移理论的网络课程内容组织方式研究——以《PhotoShop 图像处理》网络课程的实证研究为例[J]. 远程教育杂志，2010，28(3)：102-106.

(一) 内容选择方法

在内容的选择上，许多数字教材的开发者和研究者仍然秉持着以传统教材为选材蓝本的观念，① 认为数字教材只是现行传统教材的补充，而开发数字教材的过程是对传统教材的内容进行数字化处理，②③ 或数字教材就是纸质教材的数字化转换后的另一个版本，内容选材上应该严格以纸质教材为依据。④ 这种观念在目前的数字教材内容组织研究中十分常见，也是目前数字教材知识内容选择的主要方法。

不少学者认为这种方式不利于满足新一代学习者对数字化阅读和数字化学习的双重需求。⑤ 其中一些研究者提出，随着网络技术的进步为"个人"赋能，用户的个人价值越来越得到重视，在这种背景下数字教材的内容选择必然也会具有"个人定义"的特征。⑥ "国家定义"或"权威定义"的知识服务于大多数人，必然会在某些方面忽略相对少数用户的诉求，例如在内容选择上重现代轻传统、重男性轻女性、重城市轻农村等。所以这种向"个人定义"转变的趋势是教材建设的进步，也是教材内容选择发展的方向。⑦

由此，一些研究者摒弃了"复制"和"数字化"传统教材的做法，

---

① 康合太，沙沙. 数字教材的理论探索与实践——以第二代"人教数字教材"为例[J]. 课程·教材·教法，2014，34(11)：33-39.

② 罗蓉，邵瑜. 电子教材的设计与开发[J]. 中国电化教育，2006(2)：75-78.

③ 黄应会. 教学设计思想与数字教材开发——以中小学信息技术学科为例[J]. 中小学教材教学，2015(6)：25-29.

④ 李达. 轮数字教材的影响[J]. 博士论坛，2014(4)：32-34.

⑤ 祝智庭，郁晓华. 电子书包系统及其功能建模[J]. 电化教育研究，2011(4)：27-34.

⑥ 赵志明，吕蕾. 论数字教科书知识选择的"国家定义"与"个人定义"[J]. 湖南师范大学教育科学学报，2014，13(2)：63-67.

⑦ 赵志明. 重新定义教科书——数字教科书的形态特点与发展[J]. 课程·教材·教法，2014，34(3)：38-42.

而是在课程标准的指导下，对学习者的认知特点进行分析，从而选取合适的知识内容。①② 刘秀梅认为应当充分利用网站、数据库资源选择数字教材的内容。③ 张攀峰等基于多元智能理论指导数字教材内容选择，根据不同年级的需要推送不同类型的内容，④ 程春雨等则关注学生能力层次，⑤ 赵青根据皮亚杰的认知发展理论和建构主义发展观针对不同年龄段学生智力发展水平进行内容的选择。⑥

在个性化数字教材内容组织的技术实现层面，一些研究者认为可以通过相关算法先行对学习者的先前知识以及需要学习的知识难度进行评估，并根据评估结果对学习者进行分组，⑦ 或通过难度等级评定进行匹配，从而为学习者自动推送适合其学习的知识信息。此外，还可以根据学生行为数据、内容偏好和档案信息，开发个性化的数字教材内容推送系统。⑧ 同时也有一些研究者考虑到了教师的角色，认为应由教师参与来对学习者学习的知识内容

①　Domagk S, Schwartz R N, et al. Interactivity in multimedia learning：An integrated model[J]. Computers in Human Behavior, 2010, 26(5)：1024-33.

②　Proske A, Narciss S, Korndle H. Interactivity and learners' achievement in Web-based learning[J]. Journal of Interactive Learning Research, 2007, 18(4)：511-531.

③　刘秀梅. 网络环境下高师数学教学内容组织和实施策略[J]. 数学教育学报, 2008(2)：100-102.

④　张攀峰, 宿佩, 吉丽晓. 基于多元智能理论的小学语文电子教材开发研究——以小学古诗词专题学习网站为例[J]. 电子世界, 2011(13)：62-64.

⑤　程春雨, 吴振宇, 高庆华, 王林, 吴雅楠, 余隽. 模拟电子技术实验与课程设计教材编写实践[J]. 实验室科学, 2016, 19(3)：69-71, 75.

⑥　赵青. 基于 iBooks Author 的电子教材设计与开发——以《多媒体课件开发》为例[J]. 中国教育信息化, 2017(10)：60-64.

⑦　Yang Y C, Chuang Y, Li L, Tseng S. A blended learning environment for individualized English listening and speaking integrating critical thinking[J]. Computers & Education, 2013, 63(2)：285-305.

⑧　Huang Y, Liang T, Su T, Chen N. Empowering personalized learning with an interactive e-book learning resources adaptation[J]. Educational Technology Research and Development, 2012, 60(4)：703-722.

进行选择,① 或将教师、学习者的学习偏好、学习者的先前知识等多个因素结合起来共同考虑教材内容的选择问题。②

此外,学者们还提出数字教材的内容选择应突出在时效性上的优势。③ 侯良健在对《形式与政策》数字教材的建设探索时也提出教材在内容选材上应根据热点实时更新,从而以使学习者更清晰地掌握和解读政策。④

在以培养实践能力为主的课程,特别是职业教育领域中。数字教材内容选择通常从真实任务环境角度出发,注重"情境化(Contextualization)"⑤,考虑职业或工作情境需要的知识进行选取。这类数字教材的内容组织通常以项目和任务为线索,强调实践知识和技能知识,而减少理论知识的比重。⑥

(二) 内容架构方法

数字教材能够突破内容的线性排列,从而使多种教学方法得以实现, 有利于促进深度学习和有意义学习的发生。⑦

---

① Hsu C, Hwang G, Chang C. A personalized recommendation-based mobile learning approach to improving the reading performance of EFL students[J]. Computers & Education. 2013, 63(2): 327-336.

② 孙众,骆力明,綦欣. 数字教材中个性化学习资源的推送策略与技术实现[J]. 电化教育研究, 2014, 35(9): 64-70.

③ 康合太,沙沙. 数字教材的理论探索与实践——以第二代"人教数字教材为例"[J]. 课程·教材·教法, 2014. 34(11): 33-39.

④ 侯良健.《形势与政策》新形态教材建设的探索与思考[J]. 思想教育研究, 2016(7): 88-91.

⑤ De Jong M T, Bus A G. Quality of book-reading matters for emergent readers: An experiment with the same book in a regular or electronic format[J]. Journal of Educational Psychology, 2002, 94(94): 145-155.

⑥ 王进满. 基于工作过程《机电产品电气控制》课程教材开发[J]. 当代职业教育, 2014(2): 89-91.

⑦ 杨琳,吴鹏泽. 面向深度学习的电子教材设计与开发策略[J]. 中国电化教育, 2017(9): 78-84.

21

许多研究者就此进行了探索，例如根据 2002 年梅里尔（Merrill）提出的首要教学原理（First Principles of Instruction）构建层层推进的"波纹状"的知识结构。首要教学原理在网络课程中的应用较为广泛，该方法强调以解决问题为核心，先向学习者呈现问题，激活学习者自身拥有的知识，然后提供与问题相关的新知识，接着辅导学习者通过练习使用新知识，最后帮助学习者融合新旧知识，融会贯通。① 此模式中的知识技能的类型包括信息、成分、概念、程序、过程，每种知识成分都有相匹配的教学策略。② 林朝晖等根据首要教学原理，根据"结构—指导—辅导—反思"循环结构对审计学数字教材的内容进行了架构。③ 郭炯等也在首要教学理论和多媒体学习认知理论理论的基础上提出了以任务为线索的知识构建以及知识展开路径的设计。④ 但这种方法并不是万能的，更适用于概括化技能（Generalizable Skill）的学习，概括化的技能主要指例如概念、程序或原理等能应用于多种具体情境的认知技能。⑤

　　此外，牟智佳等通过层级分析法和内容分析法对语文、英语、数学、物理数字教材中的知识点进行分析，提炼并总结出交互性知识结构，并设计了六种可以通用的交互元件。⑥ 张寿松等认为教材单元可以分为按主题知识组织和按课程领域组织两种方式。⑦ 李锦

---

① 庄科君，贺宝勋. 基于首要教学原理的电子教材的设计研究[J]. 现代教育技术，2012，22（4）：21-24.

② 盛群力，马兰. "首要教学原理"新认识[J]. 远程教育杂志，2005，（4）：16-20.

③ 陈朝晖，林小蓉. "屏读"时代审计学数字教材开发与评测[J]. 福建商学院学报，2017（5）：70-81.

④ 郭炯，王晶晶. 面向 1∶1 数字化学习的电子教材设计与开发研究[J]. 中国电化教育，2015（3）：90-96.

⑤ 赵可云，赵国庆，李晓岩. 对网络课程设计原则的探讨——从梅里尔首要教学原理看网络课程的设计[J]. 远程教育杂志，2005（4）：34-37.

⑥ 牟智佳，武法提. 电子教材写作工具的交互元件设计与功能实现[J]. 中国电化教育，2015（8）：92-98.

⑦ 张寿松，徐辉. 大学通识课程内容组织的两种路径[J]. 中国大学教学，2004（12）：14-16.

山则以内容的单元架构为重点，对生物复习教材提出了以实验为线
索，上位化模型为核心的内容架构。周荣庭等通过对 K12 化学数
字教材的研究发现，碎片化的知识结构更有利于知识点细分的要求
和学习效果的提高。① 康萍则通过思维导图(Mind Manager)对教材
内容进行架构，将内容以类似大脑神经元网络分布的方式进行组
织，并转化为清晰的认知结构，帮助学习者实现知识的有效建构和
对知识体系的理解。②

(三) 内容呈现方法

历史上最初的教材作为一般性的说教文本，以文字为主。1658
年，夸美纽斯出版《世界图解》(*Orbis Sensualium Pictus*)一书，第一
本真正意义上的图文结合教材诞生。自此之后，插图成为教科书中
一个重要的设计元素，直到今天仍然如此。

到了 19 世纪末，对教材的初步研究兴起，这个时期主要探讨
的是教材文字内容的呈现问题，侧重于研究文字的可读性和可理解
性，并努力发展该领域的理论。1928 年，沃格尔(Vogel)和沃什伯
恩(Washburne)提出了一个复杂的定理：温尼特卡公式(Winnetka
Formula)。它建立了文本元素(包括考虑介词和句子结构的使用)的
难度和不同水平的阅读能力之间的联系，从而指导教材文字内容的
呈现方式，英国和奥地利等国也进行了类似的研究，在之后的几十
年里发展的理论方法基本上遵循了温尼特卡公式的原则。

教材内容呈现的研究也与心理学的不断发展联系在一起。埃德
蒙·伯克·休伊(Edmund Burke Huey)的《阅读的心理学与教育学》
(*The Psychology and Pedagogy of Reading*，1908)和爱德华·桑代克

---

① 周荣庭，武伟，梁琰. 信息化教学模式下科学数字教材智能化创新
与实践探索——以美丽化学为例[J]. 科技与出版，2017(11)：20-23.
② 康萍. 远程教育自主学习条件下立体化电子教材设计——基于思维
导图的方法[J]. 远程教育杂志，2015，33(5)：107-112.

(Edward Thorndike)的《教师词汇书》(*The Teacher's Word Book*, 1921)等开创性著作为这一领域提供了基本的理论基础。信息传播技术的发展对于教材内容的呈现形式也有巨大影响。纸张发明前的记录载体竹简、木椟等空间占据大,且由于形状限制,文本的呈现方式非常有限,而随着造纸技术的发展和成熟,文本呈现形式的发挥空间逐步变大。从手工纸到机械纸的生产的转变与排版和印刷的技术发展相一致,随着印刷技术从"铅与火"到"电子、光和影",教材内容呈现从黑白转变为彩色,内容表达形式也随着技术发展日益丰富,例如照片插图技术和排版技术的提高。除了造纸和印刷技术,教科书的内容呈现形式也受到油墨制造技术、装帧、装订等技术的影响,在形式组织上还借鉴了艺术与艺术书籍的制作理念。这些发展不仅提高了廉价的大规模教科书生产的可能性,也提高了教科书质量。

版面的组织和设计方式会影响阅读者对于知识的接收与理解,也会给使用者带来不同的情绪体验。① 而通过刺激学习者的感官,也能一定程度上激发兴趣,从而提高学习的学习动机,有利于学习者对知识内容的思考、联想与迁移。因此,对数字教材内容呈现的组织就显得非常重要。

从数字教材内容多媒体呈现方式的角度来看,数字教材大体上经历了三个发展阶段,如表1-1所示。②

表1-1　数字教材发展阶段及其特征

发展阶段	代表性教材	特征
静态媒体数字教材	第一代"人教数字教材"	纸质教科书的数字化副本

---

① Barthelson M. Reading behaviour in online news reading[D]. Lund, Sweden: Lund University, 2002: 310.

② 胡畔,王冬青,许骏,韩后. 数字教材的形态特征与功能模型[J]. 现代远程教育研究, 2014 (2): 93-98.

续表

发展阶段	代表性教材	特征
多媒体数字教材	教材配套光盘中的数字教材	静态媒体数字教材基础上增加教材内容的多媒体呈现（例如增加基于 Flash 动画技术的视频、动画等）
富媒体（交互式多媒体）数字教材	清华同方多媒体电子教材；第二代"人教数字教材"基于流式排版技术的数字教材	继承了前两类优点的基础上，注重教与学功能，通过添加可交互的教学资源、学习评测、学习活动等，提高数字教材与学生、老师之间的互动性

　　在这个过程中，对数字教材多媒体使用和组织的研究与实践互相促进、共同发展。早期研究只关注知识的数字化转换，随着技术的发展，研究者开始不断提升对教学功能的关注，并越来越多地探讨多媒体应用的规律和方法。①

　　其中，多媒体学习认知理论（Cognitive Theory of Multimedia Learning）的提出具有重要指导意义。该理论由梅耶（Mayer）在双重编码理论、工作记忆模型、认知负荷理论等的基础上提出，通过大量实验总结并验证了十余条学习内容呈现组织的规律，证明按照人的心理工作方式设计的多媒体信息更可能产生有意义学习。②③

　　在多媒体学习认知理论的指导下，许多研究者展开了探索。岳（Yue）等通过对学生学习行星生命周期进行观察研究，发现学生从

　　① 张正做，赵葆华. 网络课件评价新维度：多媒体认知理论[J]. 现代远距离教育，2008，（2）：41-43.

　　② 理查德·E. 迈耶. 多媒体学习[M]. 北京：商务印书馆，2006.

　　③ Butcher K R. The multimedia principle. In Mayer R E（Ed.），The Cambridge handbook of multimedia learning（2nd ed.，pp. 174-205）[M]. New York：Cambridge University Press. 2014.

图文幻灯片中学到的东西比纯文本叙述中要多。① 研究者通过眼动实验发现学习者在学习时会在文本和图像间反复回看，② Holsanova 等也通过实验证实，若文本和图像如果空间上靠得比较近，那么学习者更有可能在两者间建立强联系从而有助于有意义的学习。③ 孙众等以 72 名小学生作为被试，验证了多媒体认知原则、通道原则以及冗余原则，并认为原则的作用效果会受到学习者属性影响。④ 郭炯等则在首要教学原理和多媒体学习认知理论的基础上构建了电子教材设计与开发模式，简称 EDMBFC（E-Textbook Development Model Based on First Principles of Instruction and Cognitive Theory of Multimedia Learning）模式，以任务为中心对知识进行选择和架构，形成动态的、由复杂度递增的任务序列，并结合理论创建和组合多媒体要素。⑤

除了 Mayer，国内的游泽清团队也对学习多媒体画面设计有所建树，⑥ 提出了 8 个方面的媒体教学信息设计规则，如表 1-2 所示，详细叙述了与任务（或问题）、学习路径最匹配的媒体或媒体组合规则，包括呈现的位置、呈现时间等规范。

---

① Yue C L, Bjork E L, Bjork R A. Reducing verbal redundancy in multimedia learning: An undesired desirable difficulty? [J] Journal of Educational Psychology, 2013(105): 266-277.

② Schmidt-Weigand F, Kohnert A, Glowalla U. A closer look at split attention in system and self-paced instruction in multimedia learning[J]. Learning and Instruction, 2010(20): 100-110.

③ Holsanova J, Holmberg N, Holmqvist K. Reading information graphics: The role of spatial contiguity and dual attention guidance[J]. Applied Cognitive Psychology, 2009(23): 1215-1226.

④ 孙众, 骆力明. 小学生到底喜欢什么样的学习资源——梅耶多媒体学习原则对数字原住民适用性的实证研究[J]. 中国电化教育, 2015(7): 79-84.

⑤ 郭炯, 王晶晶. 面向 1:1 数字化学习的电子教材设计与开发研究[J]. 中国电化教育, 2015(3): 90-96.

⑥ 游泽清. 认识一种新画面类型——多媒体画面[J]. 中国电化教育, 2003,（7): 59-61.

表 1-2　多媒体教学画面设计规范

设计规则	规则描述	相关细则
突出主题规则	画面设计突出教学内容的重要主体部分	将主体置于视觉中心；应用对比突出主体；利用多媒体、多镜头烘托主体
有序变化规则	设计单一时需加入变化，变化多时寻求整体统一	注重画面内各部分的分量感均衡；组接镜头中同样的元素外形色彩应统一；分割画面不能分割信息
匹配规则	媒体需要符合和匹配不同的学科知识和学习对象	媒体应匹配教学内容的优势和用途；并采用多种媒体组合优势互补
背景规则	背景要有效突出主体，不能喧宾夺主	背景与文本之间的明度差在 50 灰度级以上；背景用于美化环境，不能误导读者；背景音乐音量和避免转移注意力
文本规则	文本的呈现要符合阅读习惯，避免阅读疲劳	文本占用的屏幕面积不超过整个屏幕的 60%～70%
解说规则	注意屏幕解说与文本的异同，让解说和媒体良好配合	文本与解说配合需要注意两者同步；给解说配背景音乐时，参照背景规则处理
色彩规则	色彩需要艺术配比，适应视觉习惯和心理感受	按照颜色的特点、视觉习惯和教学需求选择色相；需平衡色相、明度、纯度以及面积的互相关系
交互规则	交互功能需具有足够的智能程度和融入程度	应当建立使学习者感到有求必应、有问必答的机制

六、本书的研究问题、方法与内容安排

通过上述综述我们可以发现，随着数字教材的发展，数字教材的内容组织越来越受到研究者重视，许多研究者从不同的视角、不同的重点探讨了数字教材内容组织的问题。但同时，这也是一个需要深入研究的领域。目前的这些相关研究较为零散，其中一些仍然在数字教材设计研究的范畴内，另一些则分散在内容选择、内容架构、内容呈现这三个独立的点上，既缺乏连成面、合成体的整合，也缺乏足够的理论指导。

事实上，数字教材内容选择、内容架构、内容呈现这三者的关系是有机统一的整体，由深到浅、由里及表、层层递进。对于数字教材来说，内容的选择处于最初和最核心的层次，① 回答了学习者"学什么"、教材"教什么"的问题，旨在规定数字教材提供给学习者的知识内容的数量、范围和深浅度等因素。而内容结构是指内容要素关系和架构方式，在一定程度上反映了知识内容本身，同时又能直接影响数字教材功能的发挥。可以遵循相应的学习理论对内容结构进行组织，将教材中的内容打散重构，例如重复攀升的螺旋式结构，适应个性化学习的自适应结构等，从而更好地传授知识，提高学习效果。从层次上来说，内容架构位于内容选择和内容呈现之间，一方面受到内容选择的影响，另一方面又直接影响教材的呈现。内容呈现则位于这个结构的最表层，是数字教材内容与学习者直接交互的形式载体。同时也是内容本身和内容结构的外在体现，内容选择和内容结构功能的实现也在很大程度上依赖于内容呈现。②

① 杨青. 数字教材是整合电子书包内容的核心[J]. 出版参考，2014(22)：12-14.

② 孙智昌. 主体相关性：教科书设计的基本原理[M]. 北京：教育科学出版社，2011(25)：126-166.

（一）研究问题

本书将内容选择、内容架构和内容呈现统一在内容组织范畴中，借助认知负荷理论，同时结合数字教材的功能和特性，试图较为全面地把握数字教材内容组织的相关问题，目的是回应数字教材开发编写者的现实关切，即如何对数字教材中的内容进行组织，提高数字教材的学习效率。由此提出本书的研究问题：

（1）当前的数字教材是如何进行内容组织的？具有什么特点？又存在哪些问题？

（2）在认知负荷理论的指导下，数字教材应当如何进行内容组织？应如何选择内容？如何架构内容？这些内容又应如何呈现在学习者面前？

回答这些研究问题一方面有助于帮助人们重视和重新审视数字教材中的内容。人们对数字信息技术促进教材功能优化寄予厚望，在实践中却存在着诸多问题。纵观目前市场上的数字教材，发挥数字化媒体优势的产品较少，那些理论上的优势没有成为现实，有很多甚至起到了反效果。例如，由于数字教材相比于传统纸质教材储存容量更大，媒体形式更丰富、交互性更强。因而数字教材的开发者也常常倾向于尽可能地添加知识内容和互动元素，并使用炫目的媒体和特效以凸显产品的"智能"，从而导致娱乐性强、教学性弱，更像是打着教学噱头的娱乐产品。这种必然导致了一些数字教材中有过于冗余的无效内容，增加了学习者不必要的认知负荷，对学习没有帮助。除此之外，由于互联网的高度开放和互联性，用户在学习过程中可以通过外链搜索阅览无数外部网站，这种探索性环境，倡导学习者的自我知识构建与探索也成为数字教材开发中的一个亮点。然而许多对于纯探索性学习的研究都发现其效果并不理想，①

29

① Mayer R E. Should there be a three-strikes rule against pure discovery learning：The case for guided methods of instruction［J］. American Psychologist，2004，59(1)：14-19.

相反，一个有系统结构、提供适当引导的数字教材更能提升学习效果。另一方面，目前国内对于数字教材内容组织的研究仍然从经验和直觉角度出发居多，重传统经验轻理论指导，重抽象探讨轻具体分析。因此，本书从教材的教育功能视角出发，结合认知负荷理论，将数字教材的内容组织研究深入认知资源层面，为数字教材的内容组织提供理论借鉴。

(二)研究方法

从方法上看，本书综合选用了多种研究方法，包括文本分析法、比较分析法、案例分析法等。

文本分析法是教材研究中的常用方法，旨在对文本内容的构成要素、组织及结构进行分析与研究，以描述和揭示文本内隐的价值取向和功能。[①] 对数字教材内容组织进行研究离不开对其知识文本的分析与解读，具体方法又包括古典内容分析(Context Analysis)法和论述分析法(Discourse Analysis)。古典内容分析法是指通过对教材文本的初步阅读、潜在意义分析、背景分析和诠释四个步骤，从浅层逐渐进入深层，从而把握文本的内在涵义与隐含信息，可以通过质性分析和量化分析两种方式进行。而论述分析法则是指从文本的段落中找出特征，再从特征中提炼出特定的主题，包括历史论述分析法和批判论述分析法。通过各类文本分析法，我们可以提炼出数字教材内容的组成，不仅有利于对数字教材内容组织的直观认知的建立，也有利于进行分析和提炼。

比较分析法在本书中的应用，主要是通过比较不同类型教材的内容组织方式，例如传统教材与数字教材，基于不同理论的方法进行内容组织的数字教材，从而帮助我们发现其中的异同，以便判断和寻找每种内容组织方法之间的优势和劣势。同时，比较分析法也用于对各种理论和研究思路进行比较，例如国外研究和国内研究的

---

① 曹周天. 教科书基本理论研究三题[J]. 课程教学研究，2018(2)：30-34.

比较，认知负荷理论与建构主义理论的比较等，并得到一些有用的思路和结论。

案例研究的目的在于分析和探讨具有代表性的数字教材的组织方法，可以窥一斑而见全豹，有利于我们对其他同类产品和内容组织方式的普遍规律的把握。由于数字教材的内容组织研究对于现实状态的研究还比较少，因此本书借助对相关案例的分析探讨数字教材内容组织的现状。同时，使用案例研究亦可以增强说服力，使逻辑架构和主要观点具有更加坚实的基础。

同时，文献研究贯穿于整个研究过程，它为确定研究的重要性提供了一个框架。① 针对特定的研究问题，本书对研究视域内的相关文献进行了检索、收集、鉴别、整理、分析、归纳和总结，研究现象的本质规律。文献研究主要集中在第一章对数字教材的综述中，数字教材的功能、应用以及其构建相关问题的研究，以及第二章对于认知负荷及其相关理论等内容中。文献分析有利于吸收前人研究成果，并帮助我们更好地聚焦研究问题。本书通过各大数字图书馆、相关研究网站查阅期刊论文与博士论文、关键项目与会议、具有影响力和代表性的企业研究、国家及政府教育主观部门的报告、技术白皮书等。此外，本书也关注了数字教材产品的相关信息，包括设计理念、开发过程、用户使用评价和反馈等，并利用Google 学术搜索、维基百科以及一些相关专家的网络空间（微博、个人博客、个人主站等）来获取第一手的观点和研究资料。

(三) 内容安排

本书沿着"数字教材内容组织目标——认知负荷理论分析——数字教材内容组织的具体要素分析"这一思路开展研究工作，其中数字教材内容组织具体要素的研究又包括数字教材的内容选择、数字教材的内容架构以及数字教材内容呈现这三个由内及外、由里及

---

① 约翰·W. 克雷斯威尔. 研究设计与写作指导：定性、定量与混合研究路径[M]. 重庆：重庆大学出版社，2007：20-37.

表的部分，它们是数字教材内容组织系统中的三大要素。①

在这个研究思路下，本书首先探讨了研究的背景，并对相关研究进行了详细地综述，明确了研究现状，并在此基础上形成了本书的研究问题。其后对认知负荷理论进行探讨，阐述了认知负荷理论与数字教材内容组织之间的关联；然后结合认知负荷理论，在调查目前现有数字教材内容组织整体情况的基础之上，对数字教材内容选择、内容架构以及内容呈现进行详细的研究和探讨，如图 1-4 所示。

引言及第一章概括了本书的选题缘起，阐明了本书的选题目的和意义，并在对国内外的相关研究做细致综述的基础上，提出了本书的研究思路与研究内容。

第二章为理论基础与研究框架。本章中引入了认知负荷理论，对认知负荷的分类、产生机理和影响因素进行了探讨。同时也梳理了相关的学习和教学理论，包括建构主义学习理论，多媒体认知学习理论、PCK 理论，并将其与认知负荷理论进行有机结合，最后基于理论分析提出了本书的整体研究框架。

第三、四、五章在认知负荷理论的基础之上，详细研究了数字教材内容组织三个环节的内容。内容选择、内容架构、内容呈现是一个由内到外的层次结构，内容的选择必然会影响到内容结构的构建，内容结构也会影响内容的媒介表现，反过来媒介表现也在一定程度上影响了内容本身和内容结构。这三个阶段的内容组织影响着不同类型的认知负荷。

第三章探讨数字教材的内容选择。在认知负荷理论的视角下，研究了数字教材"学什么"最有效率的问题。考察了数字教材内容选择的影响因素，从三个维度四个方面进行了分析。三个维度是指教材编写者、教材类型和学习者这三个影响内容组织的维度，教材编写者受到其教材编写思想和内容选择取向的指导，直接影响数字教材的内容选择。而数字教材的学科和学习层次不同也会从根本上

① 张丰. 教材研究的历史观察与对象系统［J］. 浙江师范大学学报（社会科学版），2000，25（4）：82-85.

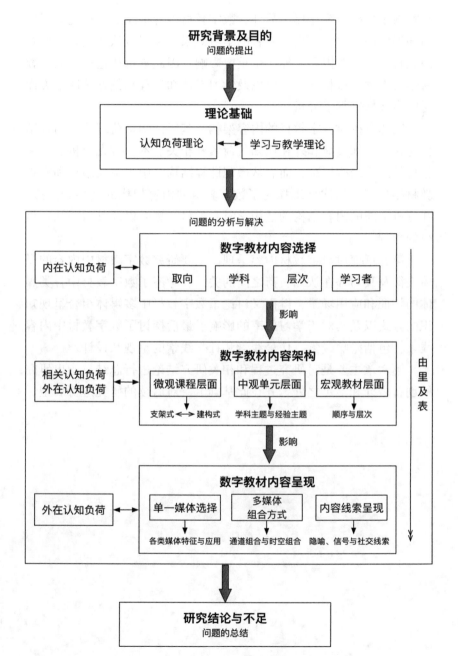

图 1-4　本书的研究思路

影响数字教材内容选择。另外，数字教材内容组织的目标是为了提高知识传递效率，提高学习者的学习效果，学习者认知过程和偏好因素自然也会对内容选择产生重要影响。因此本章从选择取向、教材学科类型、教材学习层次以及学习者认知过程和偏好这四个方面对内容选择进行了分析。

第四章探讨数字教材的内容架构。基于认知负荷理论，内容结构与相关认知负荷和外在认知负荷紧密相关。本章首先分析了数字教材的内容结构层次，而后从微观课程结构、中观单元结构和宏观教材结构三个层次详细探讨了数字教材的内容架构的类型和方法，并分析不同的内容结构的适用学科和教材类型，以及其对于认知负荷的影响。

第五章探讨数字教材内容呈现。主要研究数字教材中内容的媒体表征及其与外在认知负荷之间的关系，考察了数字教材中各类媒体的特征和应用场景，继而又讨论了数字教材中多媒体组合呈现知识的方式以及其对于学习效率的影响。最后探讨了数字教材中内容线索，包括隐喻线索、信号线索和社交线索的呈现和设计。

第六章主要是对研究过程和相关研究结论进行总结，指出研究的创新之处和不足之处，并在此基础上，对后续的研究进行展望。

第二章 数字教材内容组织的理论
基础及研究框架

指导教材内容组织的理论经过了多年的演变，可以概括为两个流派，分别是知识本位的理论，看重教材知识的学科或逻辑顺序；学生本位的理论，强调内容组织应符合学生的心理顺序。两者在理论的历史发展中此消彼长，前者的要点是注重学科知识的逻辑结构开展教材内容，而后者则主要关注学生的兴趣与需要。① 虽然两种教材设计思想曾对教材设计产生很大的影响，但它们缺乏对人类认知结构的知识基础。尽管学生本位流派的思想在一定程度上考虑了学习者的心理状况，但对教材内容组织的指导和实践仍然是经验性的和盲目的。

因此，我们需要求助于人类认知结构——如何学习、思考和解决问题，使用一个连贯统一的理论框架来指导教学材料的组织方式，并解释为什么某些内容和方式会起作用或不起作用。人类的认知结构为研究者和专业教育者提供了教学设计的基本前提，并基于此设计了教学理论，其中的一种理论就是认知负荷理论，该理论同时关注学科知识结构与人类认知结构。本章考察了认知负荷理论的相关概念，同时也引入了其他相关的学习理论，包括多媒体认知学习理论、建构主义学习理论等，最后提出了本书的

35

---

① 张恰. 国外主流的教材设计思想述评[J]. 外国教育研究，2006（2）：52-56.

总体研究框架。

一、认知负荷理论

认知负荷理论在过去三十年中不断发展，成为指导教学设计的主要理论之一。本部分对认知负荷理论进行了概述，阐述了认知负荷的基本概念、分类、产生机理和影响因素。

(一)认知负荷理论概述

1988 年斯威尔(Swell)在《认知科学》上发表的文章中正式提出了认知负荷的概念。2001 年欧洲学习与教学研究协会(European Association for Research for Learning and Instruction)在瑞士弗里堡举行的会议上正式宣告了认知负荷理论的建立,① 并明确认知负荷理论唯一的终极目标是探索更有效的教学技术，所有其他目标都服从于这个目标。② 数字教材是教学技术的重要载体之一，教材内容组织是教学技术的直接反映。认知负荷理论在教材内容组织方面的探索已经积累了大量的成果，这对于数字教材内容组织的研究和实践均有重要的指导意义。与其他教学设计理论相比，认知负荷理论不仅关注促进和帮助学习的要素，同时也关注那些干扰和阻碍学习的要素，这是对教育心理学的巨大贡献。③

认知负荷建立在人类工作记忆模型的基础上。人类处理信息的

① Paas F, Renkl A, Sweller J. Cognitive load theory：A special issue of educational psychologist[M]. London：Routledge. 2003.

② Sweller J, Paas F. Should self-regulated learning be integrated with cognitive load theory? A commentary[J]. Learning & Instruction，2017：51.

③ Kirschner P, Sweller J, Clark R E. Why minimally guided learning does not work：An analysis of the failure of discovery learning，problem-based learning，experiential learning and inquiry-based learning[J]. Educational Psychologist，2006，41(2)：75-86.

能力是有限的，认知负荷是试图量化任务对我们处理信息所需的心理认知资源程度的一个变量，① 它也是学生学习表现的主要预测因素。②

认知负荷产生于人类认知结构与信息结构之间的相互作用。研究者对于认知负荷的概念有很多重叠和矛盾的定义，包括较为粗略地将认知负荷定义为当学习者完成某项任务时对人类认知系统的负载；或更具体地把认知负荷定义为学习者完成认知任务过程中在工作记忆内进行信息处理所需要的认知资源的总量。③ 还有学者认为认知负荷是指学习任务需求的信息加工努力超过认知系统容量的部分。④ 本书采用目前更具普遍性和一致性的定义，即认知负荷是一种多维结构，代表了执行认知任务时对工作记忆施加的负担，⑤ 且认知负荷具有高度的动态性，即使在执行一项任务的过程中也会不断变化。

元素交互性（Element Interactivity）是认知负荷理论中的一个基本概念，是指在工作记忆中必须同时处理的一组元素，因为它们在逻辑上是相关的。⑥ 元素可以是一个符号、一个概念或一个必须的学习过程。从广义视角来看，元素交互性的概念描述了学习中涉及的信息的复杂性，用于评估学习特定任务对学习者所施加的特定类

① Chen F, Zhou J, Wang Y, Yu K, Arshad S Z, Khawaji A, Conway D. Robust multimodel cognitive load measurement [M]. New York: Springer International Publishing, 2016.

② Zu T. Using multiple ways to investigate cognitive load theory in the context of physics instruction[D]. West Lafayette, IN: Purdue University. 2017.

③ 付道明. 泛在学习系统中认知负荷的产生及其优化控制[J]. 中国电化教育, 2015（3）: 97-102.

④ 傅晓玲. 多模态话语信息加工的认知负荷研究[J]. 外语教学, 2014, 35（5）: 14-18.

⑤ Paas F, Tuovinen J E, Tabbers H, et al. Cognitive load measurement as a means to advance cognitive load theory[J]. Educational Psychologist, 2003, 38（1）: 63-71.

⑥ Sweller J, Ayres P, Kalyuga S. Cognitive load theory[M]. New York: Springer, 2011.

型认知负荷水平。元素交互性的水平可以通过估计学习材料中交互元素的数量来确定,① 这个数量取决于正在处理的材料的性质和学习者的知识水平。元素交互性也定义了"理解"这一概念,即如果所有交互元素都能同时在工作内存中进行处理,那么信息就被学习者充分理解了。

元素概念与图式概念有着紧密相关的重叠关系。元素是所有需要学习或处理的内容,而图式通常是多个相互作用的元素。如图2-1 所示,当互动性元素经过认知处理整合到图式中之后,它就变成了另一个单一的元素,并且可以用来构建更高层次的图式。因此,通过将元素整合为图式,将多个低级图式转换为更少的高级图式,可以大幅减少工作记忆的认知负荷。

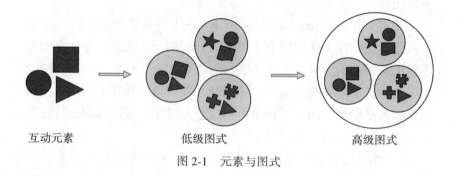

互动元素　　　　　　低级图式　　　　　　高级图式

图 2-1　元素与图式

(二) 认知负荷的分类

关于认知负荷性质和类型的讨论一直在变化之中,如图 2-2 所示。在认知负荷理论提出的早期,研究者主要将注意力放在图

---

① Tindall-Ford S, Chandler P, Sweller J. When two sensory modes are better than one [J]. Journal of Experimental Psychology: Applied, 1997(3): 257-287.

式获取上，将学习者获取图式作为学习的目标和解决问题的核心。同时确保在构建图式的过程中不要超过工作记忆的限制。因此，在第一阶段（stage 1），① 认知负荷依据与图式构建有关与否来进行分类，与图式构建无关的活动被称为外在认知负荷，应该通过教学设计来减少，而这时外在认知负荷也被定义成学习者的总负荷。

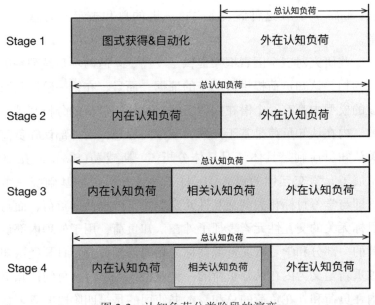

图 2-2　认知负荷分类阶段的演变

在第二阶段（stage 2），研究者意识到学习材料的固有内容是无法改变的，会给学习者的信息处理带来负担，因此内在认知负荷也被确认为一种独立的认知负荷。内部认知负荷以学习材料的元素互

---

① Moreno R, Park B. Cognitive load theory: Historical development and relation to other theories, in Cognitive Load Theory, ed. by Plass J. L, Moreno R, Brünken R. [M]. Cambridge: Cambridge University Press, 2010: 9-28.

动性来体现，元素互动性是指材料中元素和互动关系的数量。在这个阶段，总认知负荷形成了包括内部认知负荷和外部认知负荷两种负荷在内的双因素框架。

20 世纪 90 年代末，随着研究的深入，研究者发现认知负荷并不全是负面的，在某些情况下，认知负荷的增加会促进学习，这时双框架就不成立了，因此，研究者又识别出相关认知负荷，认为相关认知负荷是可以促进学习的一种负荷，从而到了第三个阶段（stage 3），在这种假设下，这三者的总和被定义为总体认知负荷。

一些研究对三个因素框架提供了支持，[1] 但两项后续研究[2]并没有为相关认知负荷提供进一步的证据。而且，在第一阶段到第三阶段的模型中都有一个潜在问题，即三种认知负荷的分析基础是不同的。内在认知负荷是基于元素交互性的思想，而外部认知负荷和相关认知负荷则是具体情况具体分析。[3] 斯威勒（Sweller）在 2010 年扩展了元素交互性的概念，[4] 将三种认知负荷的基础统一了起来，即与学习目标相关的交互性元素反映了内在认知负荷，而与学习目标无关的交互性元素表征了外部认知负荷，用于处理内部认知负荷的一部分和学习有关资源被称为相关认知负荷。日耳曼认知负荷被重新定义为内在认知负荷的一种亚型（stage 4），总的认知负荷是内在负荷和外在负荷的总和。本书使用的是第四阶段的双因素内

① Leppink J, Paas F, Vleuten C P M V D, et al. Development of an instrument for measuring different types of cognitive load[J]. Behavior Research Methods, 2013, 45(4): 1058-1072.

② Leppink J, Paas F, Van Gog T, Van der Vleuten C P M, Van Merriënboer J J G. Effects of pairs of problems and examples on task performance and different types of cognitive load[J]. Learn Instr, 2014(30): 32-42.

③ Schnotz W, Kürschner C. A reconsideration of cognitive load theory[J]. Educational Psychology Review, 2007, 19(4): 469-508.

④ Sweller J. Element interactivity and intrinsic, extraneous, and germane cognitive Load[J]. Educational Psychology Review, 2010, 22(2): 123-138.

在/外在认知负荷框架。

(三)认知负荷的产生机理

认知负荷产生于人类的认知过程之中。数字学习研究领域的学者们从不同的侧重点总结和概括了认知过程，例如梅耶(Mayer)从多媒体学习角度出发，在结合认知理论与多个实验研究的基础上，提出了学习认知理论模型(CTML 模型)；穆塞莱姆(Musallam)则考察了翻转课堂的学习认知过程；史诺兹(Schnotz)和班奈特(Bannert)①提出了一个整合的以构建心理表征为导向的图文理解整合模型(ITPC 模型)，并在此基础上进行了拓展和修正。② 这些认知模型都基于几个共同的认知理论，包括双重编码理论、工作记忆理论等，因此具有一定共性，但侧重点和强调的认知过程有所不同。本书借鉴已有的认知学习模型，总结了学习者认知过程模型，如图 2-3 所示。

该认知过程模型的侧重点在于从认知过程的角度考虑认知负荷的产生机理，包括 3 个记忆系统(虚线框)：感觉记忆、工作记忆和长时记忆；2 个认知阶段(大括号)：感知表面结构处理和语义深层结构处理；3 个认知环节(实心箭头 A、B、C)：信息的选择处理、信息的模式组织以及整合工作记忆与长期记忆。图 2-3 中上层线路是听觉通道，下层线路是视觉通道。

(1)记忆系统

学习者的认知过程包括 3 个记忆系统：感觉记忆、工作记忆、长时记忆，它们的描述与特点如表 2-1 所示。

41

---

① Schnotz W, Bannert M. Construction and interference in learning from multiple representation[J]. Learning & Instruction, 2012, 13(2)：141-156.

② Schnotz W. An integrated model of text and picture comprehension[C]// Mayer R E(Ed.). The Cambridge Handbook of Multimedia Learning. New York：Cambridge University Press, 2005：49-69.

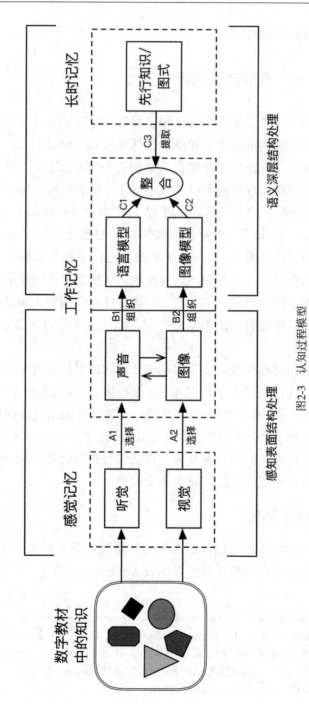

图2-3 认知过程模型

表 2-1　三种记忆系统的特征①

记忆存储	描述	容量	保存时间	保存形式
感觉记忆 （Sensory memory）	短暂地储存语言和图像	无限	非常短	视觉或听觉感官图像
工作记忆 （Working memory）	可以对选入的信息进行操作处理	有限	短	语言和图像表征
长时记忆 （Long-term memory）	永久储存有组织的知识	无限	永久	知识

　　感觉记忆没有容量限制，信息通过感觉器官从外界进入认知系统。但信息在感觉记忆中存储的时间非常短暂(视觉信息少于 1 秒、听觉信息少于 3 秒)，如果注意力在此时选定感觉记忆中特定的信息，该信息就会被传给工作记忆，否则信息就会丢失。因此如果信息流过大，感觉记忆来不及挑选时就会出现认知负荷。需要说明的是，感觉记忆中的感觉形式和工作记忆中的表征形式之间并没有内在的联系，例如，口语语言信息通常由耳朵感知，但人也能通过读唇语的方式获得该信息。虽然在文本和图像理解中可以涉及多种感官模式，但本书中我们只考虑视觉和听觉模式。

　　工作记忆是一种信息执行系统，② 用于进一步处理感觉记忆传送过来的语言和图像信息，是学习认知过程中的关键步骤。但其存储和处理信息的容量和处理时间都受到高度限制，如果超载就会形成认知负荷。巴德利(Baddeley)认为工作记忆由一个中央执行程序和用于存储信息的不同子系统组成。其中两个子系统得到了研究者的普遍共识，分别是听觉系统和视觉系统。工作记忆左侧框代表了进入工作记忆的原始材料，右侧框则代表了知识在工作记忆中基于

43

　　① Mayer R E. Cognitive theory of multimedia learning[C]//The Cambridge Handbook of Multimedia Learning. New York：Cambridge University Press，2005：22-48.

　　② Postle B R. Working memory as an emergent property of the mind and brain.［J］. Neuroscience，2006，139(1)：23-38.

语言和画面所表示的模型构建。

最后，长时记忆对应学习者的知识仓库，包括词汇知识(Lexicon Knowledge)以及感知/认知世界的知识(Perceptual and Cognitive World Knowledge)两个大类。长时记忆不同于工作记忆，该记忆系统可以长时间地储存大量知识。但是要使用长期记忆中的材料时，必须将其带到工作记忆中进行处理。长时记忆中的先验知识和图式直接影响到学习者对新的学习材料和内容的吸收理解。

因此，对于学习材料的认知理解不仅被外部信息源影响，同时也受制于作为内部信息来源的先验知识。充足的先验知识可以部分弥补外部信息的缺乏，弥补工作记忆能力的限制,① 但如果学习者的先验知识较少，而学习内容又比较困难，则学习者会更深入地分析材料本身，内在负荷就会加重。②

（2）认知阶段

认知按照信息处理的深浅层次可以分为 2 个阶段：感知表面结构处理(Perceptual Surface Structure Processing)和语义深层结构处理(Semantic Deep Structure Processing)。感知表面结构处理是指信息从感觉记忆转移到工作记忆中，并在工作记忆中形成相应的输入模式。语义深层结构处理(Semantic Deep Structure Processing)则是指工作记忆中的认知加工，与长期记忆进行信息交换和整合，并储存到长时记忆中。在这个阶段，信息已经脱离了外在物理表征，以抽象表征形式存在。③

感知表面结构处理过程，受到外在材料的影响较大，材料的组织方式、媒介使用均会对信息通过和转移产生影响，因而在此阶段

---

① Adams B C, Bell L C, Perfetti C A. A trading relationship between reading skill and domain knowledge in children's text comprehension[J]. Discourse Processes, 1995, 20(3): 307-323.

② Carney R N, Levin J R. Pictorial illustrations still improve students' learning from text[J]. Educational Psychology Review, 2002, 14(1): 5-26.

③ 陈琦, 刘儒德. 当代教育心理学[M]. 北京: 北京师范大学出版社, 2007: 185-195.

主要产生的认知负荷是外部的认知负荷。而到了语义深层结构处理阶段，对信息的组织和处理受到来自长时记忆中先验知识和图式的影响，此阶段主要产生的认知负荷是内部的认知负荷。

（3）认知环节

为了实现有意义的学习，学习者必须实践三个环节：信息的选择处理、信息的模式组织以及整合工作记忆与长期记忆。

在信息的选择环节（箭头 A1、A2），学习者的注意力选择相关文本用于语言的工作记忆的处理，选择相关图像用于视觉的工作记忆的处理。在这个环节，当信息量过大或信息编排有问题，就会对双通道的信息过滤产生压力，挤占储存空间，带来认知负荷。同时也容易造成学习者选择结构不清晰的离散信息甚至是不相关的信息元素，为后续内容组织环节制造障碍。

信息的模式组织环节涉及的认知过程包括组织所选择的词语和图像元素，并在这些元素中建立联系。学习者在已选的文本中建立联系，在工作记忆中创建一个连贯的语言模式（箭头 B1），在已选的图像中建立联系，在工作记忆中创建连贯的视觉模式（箭头 B2）。这个过程受到工作记忆容量的限制，因此学习者是不可能建立元素间所有可能的关系，主要侧重于建立一个简单的结构。此时产生的认知负荷可以分为绝对认知负荷与相对认知负荷两种类型，绝对认知负荷也称为"信息拥塞"，即加工的信息量超过了学习者视觉、听觉通道的容量范围。相对认知负荷则是由于学习材料编排或信息呈现方式的原因，从而视觉听觉双通道中一个通道拥挤而另一个通道闲置的状况，也叫作"通道失调"①。

整合工作记忆与长期记忆环节，是学习认知中最关键的一步，学习者将言语的和视觉模型与长期记忆中的相关先前知识整合起来。这个步骤涉及两个单独的模型内的对应元素和关系的映射，以及从长期记忆中激活的先验知识来帮助协调整合过程（箭头 C3）。

45

① 吴华，张嘉桐. 信息技术环境下学科教学认知负荷超载与卸载研究[J]. 辽宁师范大学学报(社会科学版)，2017，40（5）：16-21.

这一步输入的是学习者目前构建的图像模型和语言模型，结合学习者的相关先验知识，输出一个综合模型。这种整合加工也被称为表征保持，是一个对认知要求极高的过程，由于工作记忆的模型编码和已有认知图示同时出现在工作记忆中，信息的关系和呈现方式都较为复杂，因此在这样的乱序重组过程中，非常容易出现认知负荷超载的现象。

需要说明的是，学习者对整块信息的消化是分解成小块后一点点进行的，对信息的理解和领悟也是一个反复的过程。因此认知的三个环节不必然按照顺序线性发生，学习者在学过程中可能以多种顺序，多次地、反复地进行这三个环节。同时，在信息加工的每个环节也不只存在一种认知负荷，而是多种认知负荷同时出现，交替主导。

(四) 认知负荷的影响因素

由前面的探讨我们知道，学习者的认知负荷会随着内容组织的变化而变化。求助于反应过程的认知负荷理论模型，我们可以明确内容组织影响认知负荷的理论路径和具体方式。目前较有影响理论模型包括帕斯(Paas)和范梅里恩波尔(Van Merriënboer)共同提出的认知负荷二维结构模型，以及尼尔因克斯[①](Neerinx)提出的认知任务负荷(Cognitive Task Load，CTL)三维模型[②]。但由于三维模型的任务针对性更强，因此本书选择适用性更广泛的二维结构模型来进行解释。

其中，认知负荷的影响因素包括学习任务(环境)、学习者以及他们之间的交互。学习任务因素例如材料难度、新颖性、压力和奖励系统等。学习材料较难、内容较新，时间压力大或带有不合理

---

① Neerincx M A. Cognitive task load design: Model, methods and examples [A]. Handbook of Cognitive Task Design, 2003: 283-305.

② 孙天义，许远理. 认知负荷的理论及主要模型[J]. 心理研究，2012，5 (2): 93-96.

的奖惩制度通常与高认知负荷相关。此外，环境因素也属于学习任务的一个方面，如噪音可能会增加认知负荷。学习者因素通常相对稳定，不太可能因为任务(或环境)而突然改变，比如学习者的认知能力、认知风格、偏好和先验知识。最后，学习者和任务(环境)的交互也是影响认知负荷的因素之一，比如学习者对学习任务的动机水平，面对学习材料的唤起程度等。在真实学习环境中，学习任务(环境)和学习者总是在互动的，不存在没有学习者的学习，也不存在没有学习任务的学习。

虽然在这个初始模型中，学习任务分成了任务和环境两个面向。但大部分对认知负荷的研究集中在学习任务以及任务与学习者的交互关系这两个问题上，即假定学习者因素不变，改变学习任务和内容。但在目前认知负荷研究中，实际上没有考虑到物理学习环境对学习需求的影响。同样，对认知负荷的相关测量也只研究了学习任务与学习者特征之间的关系，而没有考虑物理学习环境本身。因此，崔(Choi)、帕斯(Paas)和范梅里恩波尔(Van Merriënboer)又对最初的模型进行了修正，① 将"学习环境"因素从"学习任务"因素中分离开来。在新框架中，学习环境主要指的是物理环境，包括学习材料或工具的物理特性(例如大小、形状、重量等)、学习环境的物理属性(例如空间大小、照明条件、温度条件等)，以及其他人的物理存在(如学习者人口密度)。它涵盖了人类感官所能感知的来自环境的所有刺激，即视觉、听觉、嗅觉、味觉、触觉等。

新模型对学习任务也进行了更为狭义和精准的重新定义——学习任务是指任务的内在难度、任务类型和学习材料的设计方式。数字教材内容组织符合上述定义，因此本书基于修正模型，提出以数字教材内容组织为研究重点的认知负荷理论框架，如图 2-4 所示。

---

① Choi H H, Van Merrienboer J J G, Paas F. Effects of the physical environment on cognitive load and learning: Towards a new model of cognitive load [J]. Educational Psychology Review, 2014, 26(2): 225-244.

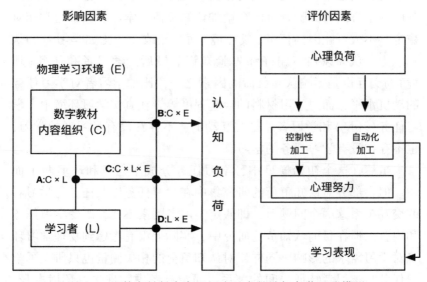

图 2-4　以数字教材内容组织为重点的认知负荷理论模型

　　该模型侧重解释数字教材内容组织对于认知负荷产生的影响。从模型中可以看出，数字教材中的认知负荷由内容组织(C)、学习者(L)和物理学习环境(E)三者交互产生。本书假定物理学习环境(E)和学习者(L)是不变的，研究数字教材的内容组织变化对于认知负荷产生的影响，即主要研究数字教材内容与学习者互动的因素(A：C×L)、数字教材内容组织与环境互动因素(B：C×E)以及数字教材内容组织与学习者和环境三者互动因素(C：C×L×E)这3种影响方式。

二、学习与教学理论

　　认知负荷理论的发展来源于对相关理论的继承、碰撞与吸收，这些相关理论与认知负荷理论有相互重叠和相互借鉴的部分，在很多方面补足和延伸了认知负荷理论，同样为本书提供了重要的理论基础。因此本部分我们探讨了与认知负荷理论相关的学习与教学理论。

(一) 建构主义学习理论

19 世纪末，随着心理学的发展，在行为主义、认知主义、建构主义等各个学派理论基础上形成了学习和教学理论，为教材的设计提供了理论指导和帮助。

认知负荷理论与建构主义理论是目前教学设计中占主导地位的两种指导理论，两者代表了教学方式的两大方向："显性教学"——为学习者提供足够多的指导材料、"少教不教"——鼓励学习者从学习环境中探索构建知识,① 且两个流派间的争议从未停止。

认知理论指导下的"显性教学"认为提供给学习者明确的教学指导是最有益的。建构主义理论则相反，把学习看作理解和自主学习得到的经验，认为学习是通过经验、意义的探讨和协作学习来建构的,② 鼓励学习者积极构建自己的个人学习体验(如探索、反思)，强调了获取知识的方法的重要性，而不是仅是获取信息。建构主义的总体总体目标是帮助学习者构建自己的知识模型,③ 属于建构主义理念的学习方式包括发现式学习(Discovery Learning)、基于问题的学习(Problem-based Learning)、探究性学习(Inquiry Learning)、体验性学习(Experiential Learning)、建构主义学习(Constructivist Learning)等。其主要特点是将学习者置于探索性环境中，提供最低限度数量的教学信息，主张通过与其他学习者合作

① 保罗·基尔希纳，约翰·斯维勒，理查德·克拉克. 为什么"少教不教"不管用——建构教学、发现教学、问题教学、体验教学与探究教学失败析因[J]. 钟丽佳，盛群力，译. 开放教育研究，2015，21 (2)：61-62.

② Merrill M D. Constructivism and instructional design [J]. Educational Technology，1991，31：45-53.

③ Renkl A，Atkinson R K. Interactive learning environments：Contemporary issues and trends[J]. Educational Psychology Review，2007，19：235-238.

和自主探索来习得知识。

认知负荷理论研究者认为建构主义这种方式忽略了对人类认知架构的考量，建构主义策略为学习者提供的信息超过了他们的能力，会使有限的工作记忆超负荷运转，因而不能有效地指导学习者获得知识。基于建构主义理论设计的教学材料在现实教学环境中的可行性并不高，推行效果也较差，教师可能只是作为一个教育口号而不是真正实施。① 同时大量的实证研究，包括元分析②研究也证明相比于建构主义理论的基于问题但没有指导的教学，认知负荷理论的指导性教学的学习效果更好。例如，在一个军队训练基于模拟的培训(SBT)实验研究中，与建构主义方法相比，使用CLT支持的教学方法可以提高学习者的效率，且记忆保留时间更长。③

而建构主义理论研究者则提出，认知负荷理论关注在结构良好的环境中获取知识，而在不那么结构化的环境中，学习者必须确定需要获得的信息并不是那么简单。④ 同时，虽然针对从新手到中等程度学习者的控制实验都证明了认知负荷理论的指导性教学强于建构主义教学，⑤ 但专家逆转效应表明，随着学习者获得专业知识的

①　Aulls W M. The contributions of co-occurring forms of classroom discourse and academic activities to curriculum events and instruction. [J]. Journal of Educational Psychology, 2002, 94(3): 520-538.

②　Mayer R E. Should there be a three-strikes rule against pure discovery learning? The case for guided methods of instruction[J]. American Psychologist, 2004, 59(1): 14-19.

③　Vogel-Walcutt J J, Gebrim J B, Bowers C, et al. Cognitive load theory vs. constructivist approaches: Which best leads to efficient, deep learning? [J]. Journal of Computer Assisted Learning, 2011, 27(2): 133-145.

④　Hmelo-Silver C. E, Duncan R G, Chinn C. A. Scaffolding and achievement in problem-based and inquiry learning: A response to kirschner, Sweller, and Clark [J]. Educational Psychologist, 2007, 42(2): 99-107.

⑤　Kirschner P A, Sweller J, Clark R E. Why minimal guidance during instruction does not work: An analysis of the failure of constructivist, discovery, problem-based, experiential, and inquiry-based teaching [J]. Educational Psychologist, 2006, 41(2): 75-86.

增加，基于认知负荷理论的教学设计方法的效果可能会逐步降低。建构主义理论也许可以弥补这一不足，指导高阶认知技能的获取，促进学习者获得更强的虚拟知识、综合知识和决策技能。①

由此，我们认为基于认知负荷的教学指导理论与基于建构主义的教学指导理论并不是非此即彼的关系，而是以指导性教学为主，探索发现式教学为辅的互相补充。② 例如，以考试、培训、基础知识教学为目标的数字教材，探索性环境的成分较少，学习者需要充分的指导信息，此时适用于认知负荷理论，而建构主义学习理论则是用于类似于探索、激发兴趣等为目的的数字教材。

(二) 多媒体学习认知理论

在多媒体学习领域，国内外学者都进行了大量研究。其中，梅耶(Mayer)在融合了认知负荷理论、双通道理论(Dual Channels)和生成学习理论(Active Learning)的基础上提出了多媒体学习认知理论(CTML)。这是一个使用经验主义的方法来探索如何设计促进学习的教学材料的教学设计理论，并解释人们如何从文本和图像中学习。③ 德莱乌(DeLeeuw)和梅耶(Mayer)④提出了多媒体学习认知负荷的三元模型，包括三种类型的认知加工需求：外在认知加工(Extraneous Cognitive Processing)、本质认知加工(Essential Cognitive Processing)和生成认知加工(Generative Cognitive Processing)。外在认知加工是由不良的教学设计引发的，本质认知加工是由所要学习

① Kuhn D. Is direct instruction an answer to the right question? ［J］. Educational Psychologist，2007，42(2)：109-113.

② 徐连荣，徐恩芹，崔光佐. "少教不教"真的不管用吗？——与《为什么"少教不教"不管用》一文商榷[J]. 开放教育研究，2016，22(2)：17-24.

③ Johnson C I. Testing the assumptions of multimedia learning principles：An eye movement analysis［D］. Sauta Babara，California：University of California Santa Barbara，2011.

④ Deleeuw K E，Mayer R E. A comparison of three measures of cognitive load［J］. Journal of Educational Psychology，2008，100(1)：223-234.

的材料的复杂性造成的。生成性认知加工是由学习者的学习动机所引起的。这些处理需求是可加性的，因此通过增加其中的任何一个，会减少其他的可用容量。基于这三种认知加工，梅耶提出三种学习情境：分别是外在加工过载、本质加工过载和生成加工利用不足。三种对认知加工的需求都需要不同的教学设计方案：减少外部加工、管理基本加工和促进生成加工。① 通过研究提出并验证了十余条教学材料的设计原则，以控制负荷和促进学习。②

在国内，2002 年游泽清基于信息加工学习理论提出"多媒体画面语言（Language with Multimedia）"的概念③，并以此为出发点，创建了多媒体画面艺术理论，其后又基于语言学、符号学提出了"多媒体画面语言学理论（Linguistics for Multimedia Design，LMD）"。该理论的研究目标是使多媒体学习材料的组织有章可循，并提高学习者的学习效果。④ 经过大量实证研究，游泽清及其团队总结出了 8 个方面，34 条多媒体教学信息设计规则。

根据上述阐述我们可以看出，由于认知负荷理论和多媒体学习理论的建构基础都是人类认知结构，因而两个流派有一些交叉重叠的部分，例如认知负荷（或认知加工）的类型和均衡目标。但总的来说，多媒体学习理论及其相关研究覆盖的面相对更窄，在多媒体学习语境下更多地强调教学材料的设计方式而非教学材料的内在复杂程度，倾向于研究外在认知负荷的控制。在本书中，我们将多媒体学习理论作为认知负荷理论的补充，用于辅助认知负荷理论，指导数字教材内容组织的研究。

---

① Mayer R E. Nine ways to reduce cognitive load in multimedia learning[J]. Educational psychologist, 2003, 38：43-52.

② Mayer R E, Moreno R A. Split-attention effect in multimedia learning: Evidence for dual processing systems in working memory[J]. Journal of Educational Psychology, 1998, 90：312-320.

③ 游泽清. 多媒体画面艺术基础[M]. 北京：高等教育出版社, 2003. 5-10.

④ 王志军, 王雪. 多媒体画面语言学理论体系的构建研究[J]. 中国电化教育, 2015(7)：42-48.

（三）学科教学知识（PCK）理论

教材的教育功能决定了其内容组织与一般知识产品的内容组织有所不同，而差异的关键就在于教材还包含学科教学知识，这种知识是教材内容系统中重要而独有的组成部分，对于深入理解教材的内容组织具有重要意义。

1986 年，美国斯坦福大学教授舒尔曼（Shulman）在其研究报告中提出了学科教学知识（Pedagogical Content Knowledge，PCK）这一概念和理论。他认为教师仅掌握学科知识（Content Knowledge，CK）或仅掌握一般教育学知识（General Pedagogical Knowledge，PK）都是不够的，是一种"缺失的范式"（Missing Paradigm），两种知识必须有机结合起来。由此，他提出了 PCK 这个包含了学科知识（CK）和其可教性知识（PK）两个方面在内的新的知识形式。并将其定义为："面对特定的学科主题时，针对不同学生的兴趣、背景和能力，将学科知识组织、调整与呈现，以进行有效教学的知识。"[1]其所涵盖的范畴包括：该学科领域内的中心知识主题，关于表达领域内知识的最好方式的知识，关于最有用的知识呈现和表征方式的知识，关于学习者在学习过程中的误解和偏见以及消除这些误解和偏见的策略，特定的知识如何适应不同背景和能力的学生的知识，以及如何促进学习者有意义的学习的知识等。[2]

学科教学知识的核心内涵就是把学科知识转化为可教学、可学习的知识形式，[3] 这也是一种使教材区别于其他书籍的专门知识。它的内涵在研究过程中不断拓展，一些学者，例如卡特（Carter，

① 应国良，袁维新. 论教师的学科教学知识及其建构[J]. 教育发展研究，2006(19)：40-42.

② Shulman L S. Knowledge and teaching：Foundations of the new reform[J]. Harvard Educational Review，1987，57(1)：1-22.

③ Park S，Oliver J S. Revisiting the conceptualisation of pedagogical content knowledge(PCK)：PCK as a conceptual tool to understand teachers as profesionals [J]. Research in Science Education，2008，(38)：261-284.

1990)、格罗斯曼(Grossman，1990)、雷诺兹(Reynolds，1992)等在舒尔曼的理论基础上对学科教学知识进行了更为详尽系统的叙述。① 而随着建构主义理论的发展，另一些学者例如科克伦(Cochran)等人将学科教学知识与建构主义学习理论相结合，提出了学科教学认知(Pedagogical Content Knowing，PCKg)的概念，认为它由学科内容知识、教学法知识、教学情境知识和关于学生的知识共同交汇融合而成的，这使学科教学知识理论拥有了更为动态与整合的内涵。

随着对学科教学知识研究的深入，研究根据不同学科产生了细分，这对于数字教材不同学科的内容组织具有重要的启发意义。从20世纪末开始，学界在继续对学科教学知识进行普适性的理论探究和思辨之外，也开始将学科教学知识理论应有道到具体学科的实践中去，注重在教学实践和调查中发展理论，② 学科教学知识理论的应用性也随之增强，形成了从普遍到特殊的 PCK 研究层次，如图 2-5 所示。

图 2-5　PCK 的研究层次③

一般性的学科教学知识研究较为通用，普遍适用于各类教材。特定领域的学科教学知识则相对具体，针对该学科领域的知识类型、知识特征进行了相应的调整，针对性强而适用范围相对较窄，

---

① 杨彩霞. 教师学科教学知识：本质、特征与结构[J]. 教育科学，2006(1)：60-63.

② 唐泽静，陈旭远. "学科教学知识"研究的发展及其对职前教师教育的启示[J]. 外国教育研究，2010，37(10)：68-73.

③ 李伟胜. 学科教学知识(PCK)的核心内涵辨析[J]. 西南大学学报(社会科学版)，2012，38(1)：26-31.

仅适用于具体的领域。例如随着信息技术的发展，科勒（Koehler）和米沙（Mishra）于 2005 将学科教学知识引入技术学习领域，将技术知识（Technological Knowledge，TK）与学科教学知识（PCK）相结合，提出了"技术学科教学知识"（Technological Pedagogical Content Knowledge，TPACK）这一概念。① 也有学者将学科教学知识引入数学（Math）领域，针对数学知识的特征和学习过程与特点，形成了数学学科教学知识（MPCK）的范畴。②

具体知识的学科教学知识则是最具体的层次，针对和适用于特定的学科知识点，例如，在对"水"这一知识进行教学时，不同学科的教材根据学科出发点不同，对知识内容的选区范围和强调重点都会不同。化学教材会着重讲解其分子构成以及与其他元素的化学反应，物理教材则会介绍水作为光、声的传播介质的特性，以及水的密度、比热容等特征。生物教材会介绍水与生命活动的关系，其在生物体内的存在形式及其生理特征。地理教材则侧重于教授关于地球表面的水体性质、形态特征等水文地理知识。相应的，对于"水"的知识，不同教材的内容架构，内容呈现也会不同。

三、本书理论研究框架

基于上述理论探讨可以构建出本书的研究框架。首先，阐明数字教材内容组织的研究目标是提高数字教材的学习效率，均衡认知负荷。其次，分析数字教材内容组织的层次和环节，以及这些环节影响数字教材内容组织目标实现的路径，最后，就研究展开的具体步骤和结构进行说明。

55

---

① 蔡敬新，邓峰. "技术—教学—学科知识"（TPACK）研究：最新进展与趋向[J]. 现代远程教育研究，2015（3）：9-18.

② 邱双月，于娜. 数学教学内容知识——数学教师专业化发展的新视角[J]. 吉林省教育学院学报（上旬），2014，30（7）：11-12.

(一) 数字教材内容组织的目标导向

本书提出数字教材内容组织的最终目标是提高学习者在使用数字教材时的学习效率。认知负荷理论认为当学习者的三种认知负荷在合理的水平时，学习效率最高。这三种认知负荷的特点和差异如表 2-2 所示。①

表 2-2　三种认知负荷的描述

认知负荷类型	内在认知负荷	相关认知负荷	外在认知负荷
来源	信息和内容的固有属性(与学习相关的交互性元素)	信息的固有属性与呈现方式;学习者动机	信息和内容的呈现方式(与学习无关的交互性元素)
控制目标	与学习者认知水平对应	提高	降低
调节方式	调节学习内容和学习任务的性质;促进学习者图式获取	通过调整学习内容、任务、信息呈现调节学习者动机与努力	调节学习内容的外在表现形式
与其他认知负荷类型的关系	包括相关认知负荷;与外在认知负荷有相加性	从属于内在认知负荷;与外在认知负荷呈负相关	与相关认知负荷负相关;与内在认知负荷有相加性

内在的、外在的和相关认知负荷是累加的，学习的过程中总负荷不能超过工作记忆的容量。三者之间的关系也是不对称的，内在

---

① Shawli A S. Concept mapping as an assessment of cognitive load and mental effort in complex problem solving in chemistry[D]. Montana, US: Montana State University, 2018.

认知负荷是一个基本负荷，它的简化空间相对较小。在学习者分配了认知资源以处理固有的认知负荷之后，任何可用的工作记忆容量都可以分配来处理外在认知负荷和相关认知负荷。

由于早期许多研究聚焦于减少认知负荷，从而在一定程度上造成了一种误解，即在学习过程中，学习者的认知负荷需要保持在最低水平。然而这是错误的，在工作记忆容量限制没有被超过且负荷已经得到控制的情况下，减少认知负荷不一定有益。在负荷不足的情况下，学习者甚至可能会停止学习。① 如果负荷是由干扰图式构建和自动化的内容所施加的，即无效或外在认知负荷，那么它将对学习产生负面影响，而如果负荷是由与学习直接相关的心理活动施加的，即相关认知负荷，那么它对学习就会产生积极的影响。

通过对 3 种认知负荷的阐述，我们可以总结出学习者在学习过程中，受学习材料影响产生的认知负荷主要有 3 种不良状况（图2-6），分别是外在认知负荷过载；内在认知负荷过载以及相关负荷不足。

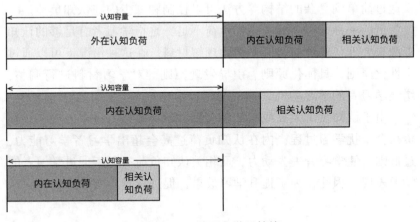

图 2-6　三种不良学习情境

---

① Wulf G, Shea C H. Principles derived from the study of simple skills do not generalize to complex skill learning［J］. Psychonomic Bulletin and Review, 2002, 9(2)：185-211.

第一种情况是外在认知负荷过载，认知系统的资源用于处理与学习不相关的交互元素因而导致没有足够资源来处理内在认知负荷，从而影响学习。在这种情况下可以通过遵循例如一致性原则、冗余性原则调整教学材料呈现的方法和步骤来降低外在认知负荷。许多研究者都强调了降低外在认知负荷的重要性，甚至要完全消除外在认知负荷，但外在认知负荷并不是越低越好，在某些学习环境中，外在认知负荷与相关认知负荷密切相关。例如，在非线性超文本的学习环境中，通过使用线性格式来减少外在认知负荷的同时，可能会通过中断示例学习、比较学习而减少相关认知负荷。① 这表明，尽可能地减少外在认知负荷的目标是片面的，需要与其他认知负荷相权衡并保持在最佳的位置。

　　第二种情况是内在认知负荷过高，学习材料对于学习者来说太过复杂，学习者没有足够的认知资源来进行处理。但由于内在认知负荷是学习者需要完成的学习任务的固有属性，因此不太可能减少学习内容来降低内在认知负荷，但可以调整学习材料的结构，例如通过提供学习者先行组织内容、将大块内容碎片化、情态原则，以及通过简单到复杂的结构等方法可以控制和减少内在认知负荷。②

　　最后一种情况是相关认知负荷不足，是指学习者有足够的认知资源来处理认知负荷，却不努力理解材料。在这种情况下可以通过个性化原则、具体化原则、引导发现原则等对学习材料进行调整，增强学习者的学习动机。

　　由于认知负荷太高或太低都会影响学习效果，过多的外在认知负荷会干扰学习过程，内在认知负荷过高会超出学习者学习能力，过低则会使学习者失去动力，而相关认知负荷有利于促进学习者的学习表现。因此，为了提升学习效果，促进有意义的学习，在目标

　　① Gerjets P, Scheiter K, Catrambone R. Designing instructional examples to reduce intrinsic cognitive load：Molar versus modular presentation of solution procedures[J]. Instructional Science，2004，32(1)：33-58.

　　② Van Merrienboer J J G, Kirschner P A, Kester L. Taking the load off a learner's mind：Instructional design for complex learning [J]. Educational Psychologist，2003，38(1)：5-13.

层面应当减少不必要的外在认知负荷，均衡内在认知负荷使其与学习者知识水平相协调，并提升相关认知负荷。①

（二）数字教材内容组织的层次与环节

本书根据对相关研究的总结和梳理，提出了数字教材内容组织的三个层次，由里及表分别是内容选择、内容架构和内容呈现（如图2-7所示），三者构成了内容组织的完整过程，是一个不可分割的整体，相互作用、相互制约。

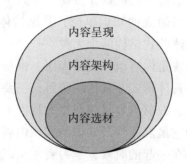

图 2-7　内容组织的层次

内容选择是数字教材内容组织的核心层次，学习者购买或使用数字教材并不是为了获得这一产品本身，而是通过数字教材来满足特定的知识需求。例如，为了满足大学生学习数学的知识学习需求，数字教材的内容组织在内容选择上就需要选取高等数学相关知识以及相应的学习方法、学习思路等。内容选择是知识逻辑、社会经验逻辑、学习者心理逻辑的综合体现和投射。

而当内容选择完毕，对分散的内容进行架构，建立合理的内容结构和内容编排的体系是顺理成章的步骤。这个层次位于内容选择

---

① Bo W, Fei W, Shaoen Z. Reflections on the control of cognitive load in multimedia learning [C]// Second International Conference on Multimedia & Information Technology. IEEE Computer Society, 2010: 24-25.

和内容呈现之间，内容结构一方面受到知识内容本身的影响，另一方面又影响内容呈现的设计。内容结构在一定程度上决定着学习活动的进程，对于学习思维形成、学习者发展以及学习效果具有重要影响力。而也只有当数字教材的内容结构符合人类的认知结构时，学习者才能更有效率地吸收知识内容。对数字教材的内容进行架构时，在认知负荷理论的指导下，可以从宏观整体、中观单元以及微观课程三个维度进行架构。宏观层面考虑教材的整体架构思路，包括纵向的顺序结构和横向的层次结构；中观层面，挖掘单元之间的经验逻辑和学科逻辑，关注不同逻辑下数字教材内容架构的丰富性，并讨论在不同结构下均衡认知负荷，提高学习效率的方法；课程作为数字教材中最微观的知识单位，其结构体现了教法和学法，包括接受式结构和体验式结构两个大类。

最后，内容呈现是内容组织的最表层，也是形式层，即内容展现在学习者面前的具体形式及其作用关系，主要是指其媒体形态以及媒体组合的运用。教材内容呈现在很大程度上决定了前两个层次功能的实现，因为它虽然不涉及知识的实质内容，但只有当这种形式与知识内容联系在一起的时候，学习者才可以便利地获取教材内容，好的内容呈现形式还可以给读者带来心理上的满足，并能够有效地降低学习者的认知负荷，提高学习效率。

(三) 内容组织影响认知负荷的方式与路径

正如前文所述，数字教材内容组织的研究目标是均衡教材内容给学习者施加的认知负荷，从而提高学习效率。而根据斯威勒(Sweller)的研究，学习元素间的交互性(Element Interactivity)是影响认知负荷水平的决定性因素。[①] 通过数字教材的内容组织来控制元素互动性，是调整认知负荷的有效方式。本部分首先分析了元素交互性影响认知负荷的方式，其次阐述了内容组织的三个环节与元

---

① Sweller J. Element interactivity and intrinsic, extraneous, and germane cognitive load[J]. Educational Psychology Review, 2010, 22(2): 123-138.

素互动性的关联，最后建立了内容组织活动影响认知负荷的路径。

（1）元素交互性与认知负荷

元素交互性（Element Interactivity）可以解释学习者的内在认知负荷和外在认知负荷的水平。元素（Element）是指任何需要学习者处理或学习以及学习者已经学习或处理的要素。而交互性元素（Interacting Elements）则被定义为必须在工作记忆中同时处理的具有内在逻辑练习的一组元素。[1] 一般情况下，元素的互动关系越简单，互动关系越少，工作记忆所需的资源就越少，内在认知负荷也就越低。而当涉及多个具有互动关系的元素时，工作记忆必须将这批元素同时处理，内在认知负荷也随之提高。

元素又可以分为与学习有直接关系的元素（信息的固有性质），以及与学习没有直接关系的元素（信息的呈现方式）。贝克曼（Beckmann）[2]指出，通过改变学习内容才能发生改变的交互元素所引起的认知负荷是内在认知负荷，不通过改变学习内容就能改变的交互元素所引起的认知负荷是外在认知负荷。

因此，对于内在认知负荷来说，其来源是学习者必须处理的内容的固有性质，完全由与学习有直接关系元素互动性的水平决定。有些学习任务可以通过一次只学习一个元素的方式进行，例如在学习英语单词的过程中，一个单词是一个学习元素，其与其他单词是并列元素，不具有逻辑关系，因此不需要同时学习，从而学习者需要使用的工作记忆资源很少。而当涉及多个具有互动关系的元素时，例如一个英语段落或篇章，由于单词和句子间的单词是高度紧密联系的，因此学习者孤立地学习段落中的单个单词将变得毫无意义，包括语法、单词、短语、语义等的所有的元素必须同时处理，

① Sweller J, Ayres P, Kalyuga S. Cognitive load theory[M]. New York, NY: Springer, 2011.

② Beckmann J. Taming a beast of burden—on some isues with the conceptualisation and operationalisation of cognitive load [J]. Learning and Instruction, 2010(20): 250-264.

才能实现有意义的学习。外在认知负荷则由与学习没有直接关系的元素，由教材中内容呈现的方式所强加给工作记忆的，例如媒介的使用失当、策略的不当引导等都会增加外在认知负荷，占用工作记忆资源。

（2）内容组织与元素交互性

数字教材的内容组织属于教学的设计层面，与元素交互性直接相关。根据认知过程的需要、内容组织特征以及文献综述的总结，内容组织主要分为三个方面的内容，分别是内容选择、内容架构以及内容呈现。

数字教材的内容选择直接决定学习材料的数量和内在性质，从而影响与学习直接相关的元素的交互性。首先，对于低内在认知负荷的元素而言，仍以学习英语单词为例，虽然单个单词学习由于元素的单一性的认知负荷很低，但在短时间内学习大量词汇依然是一个困难的任务，会造成认知负荷的增加。内容的选择需要考虑到学习时间和学习目的，有意识地进行范围和数量控制。其次，对于内在认知负荷高的交互性元素来说，学习者在一开始学习的时候也许很难理解，因此可以采用材料分解的方式，先给学习者提供单个元素的内容，使其先记忆和熟悉单个元素，再来理解元素关系。这种方式在学习前期改变所学内容的性质（减少了元素间的互动性），并循序渐进地增加内在认知负荷。

数字教材的内容结构包括内容的宏观模块结构、中观单元结构以及微观课程结构，其组织方式会影响到内容本身的性质，例如通过自适应的内容结构，内容块根据学习者自身的状态，其内部元素数量和互动情况都会进行调整。内容结构的组织不仅包括与学习内容紧密相关的元素，还包括与信息呈现和展示相关的元素。传统教材中提供的练习和习题通常要求学习者采用"目的—手段"（Means-Ends）策略来解决问题，答案处于隐藏状态，仅供学习者解答后核对使用，如此反复直到答对为止。这种策略要求学习者在工作记忆中同时处理问题的目的状态和问题当前状态，两者之间的差异以及解决问题的方法和步骤，给学习者施加了较高的外在认知负荷，以至于其没有足够的认知资源来建构图式，从而导致低效的学习。而如果将答案的解决方式作为样例先给学习者学习，那么在这种情况下，学习者的学习目的不是为了解答题目，而是为了学习这种解决方式，并通过学习行为构建解决此类问题的图式，减少了互动性元素，从而降低了认知负荷。

数字教材的内容呈现是指与内容的多媒介呈现方式相关的元素，例如文本、音频、视频等，这些元素不与学习内容直接相关。数字教材常常倾向于过多使用炫目的动画声音，或增加尽可能多的互动，例如对学习的知识增加扩展外链。增加了与学习无关的元素数量，模糊了学习重点，给工作记忆的信息处理带来了不必要的压力。但同时，仅使用单一的媒介的效果也并不理想，单一媒介传输信息容易让元素集聚在人类认知双通道中的其中一条，造成通道失调，不利于对知识内容进行处理和整合。因此，媒介使用的度要仔细把握，这也就涉及对数字教材中内容呈现的安排。

（3）内容组织与认知负荷

综上，我们可以发现内容组织的三个环节与几种认知负荷间的解释关系，见图 2-8。

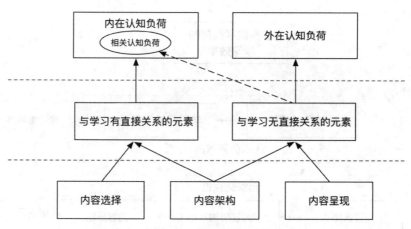

图 2-8　内容组织影响认知负荷的路径

内容选择通过影响与学习有直接关系的元素(知识的固有性质)，从而影响内在认知负荷。内容呈现则通过影响与学习无直接关系的元素(知识的呈现方式)，来影响外在认知负荷。而内容结构既影响内容固有性质，又影响内容呈现方式，所以与内在认知负荷与外在认知负荷都相关。相关认知负荷由学习动机引发，从而受到与学习直接相关的互动性元素的影响，内容的选择、内容的结构会在很大程度上影响学习者的学习动机，例如选取的内容学习者是否感兴趣，结构上是否设置了学习奖励等。此外，虽然内容呈现的方式是与学习无直接关系的元素，但使用不同的媒介对于学习者学习动机仍然有一定影响，例如枯燥的纯文本与动画视频讲解形式相比，动画视频可能因其过多与学习无关的内容增加了外在认知负荷，却更有可能增加学习者的学习兴趣和学习动机，激发学习者的精神努力，因而与学习无直接关系的元素也会在一定程度上影响到相关认知负荷。

(四) 总体研究框架

根据上述分析我们可以得出基于认知负荷理论的数字教材内容组织研究框架，如图 2-9 所示。

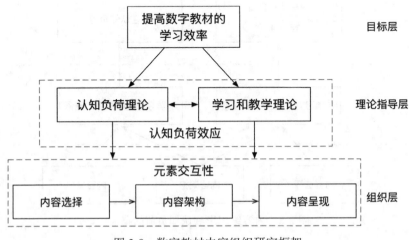

图 2-9　数字教材内容组织研究框架

数字教材内容组织的最终目标是提高数字教材的学习和教学效率。认知负荷理论告诉我们，要达到该目标，就必须均衡不同类型的认知负荷，将内在认知负荷总量控制在一个合理范围内的同时提高相关认知负荷，并降低外在认知负荷。而根据上一节对内容组织影响认知负荷路径的分析，我们认为教材内容组织的过程可以有效地对认知负荷进行调整。

在数字教材的内容组织过程中，我们可以通过安排和设计内容的元素交互性有效控制和调整认知负荷。在内容选择环节，当选择的材料中含有的与学习直接相关的元素越多，且交互程度越高，内在认知负荷就越大，反之则内在认知负荷减少。而在内容架构环节，对内容结构的合理安排可以通过减少不必要的元素关系从而降低认知负荷，提升学习效率。内容呈现环节势必涉及对与学习无关元素的安排，认知负荷理论告诉我们，与学习无关系的元素越多，它们之间的交互性越高，外在认知负荷就会越大。但内容的趣味呈现有利于学习者的学习积极性和主动性的提高，因此在内容呈现缓解需要根据具体情况合理控制相关元素的数量和关系。

同时，基于元素交互性，学者总结出了认知负荷理论效应，可用于直接指导内容组织的各个环节，此外，在内容呈现组织环节中，本书也引入多媒体认知学习理论进行补充。

第三章　数字教材内容选择

在数字教材内容组织过程中，内容选择是第一步，这个过程明确了学习者"学什么"的问题。同时，内容与类型的不同也势必会影响更外层的内容架构与内容呈现。本章首先分析了数字教材内容选择的影响因素，阐述了与内容选择相关的认知负荷效应，并在此基础上进行详细阐述。

一、内容选择的影响因素与认知负荷效应

本部分主要探讨了内容选择来自三个方面的四类影响因素，以及指导内容选择的相关认知负荷效应。

(一) 内容选择的影响因素

影响数字教材内容选择的因素来自三个方面，分别是教材编写者、教材类型以及教材使用者(学习者)，具体来说包括选材取向、学科类型、学习层次、学习者认知特征与个人偏好四个方面。

不同的教材编写者有不同的选材思想和取向。自教材出现以来，内容选择取向就面临着二元对立的问题，在两个相互矛盾的传统内容选择取向——学科中心取向和经验中心取向的指导下，教材

的内容选择也大相径庭。本书在认知负荷理论的视角下将两者统一于以学习者为中心的学习者先前知识取向之下，并根据不同的学习目标和需要进行调整。

教材类型可以分为两个方面，分别是教材的学科类型和教材针对的学习层次。不同学科的知识体系和知识重点不同，选材自然也有差异。同样是一个知识点，不同学科对其的理解也不同，例如在关于"雷电"的知识中，地理学科强调其自然特征，教授关于雷电的活动规律；物理学科则强调其现象发生的原理。而不同层次的学习目标则从知识的深度和广度方面来影响数字教材的内容选择，入门教材只需选择浅显通俗的内容，帮助学习者入门，而专业教材则对内容的全面性和系统性提出了更高的要求。

另外，教材使用者或学习者对于数字教材内容选择也有重要的影响。且相比于传统教材，数字教材受到学习者因素的影响更大。这是因为数字教材处在一个相对动态的数字环境中，与学习者和周遭环境的联系更加紧密，可以更快收到学习者的反馈，也能够及时根据环境变化调整内容的选择。由此，数字教材可以更好地根据学习者需要对内容进行调整，从而更符合学习者的知识需求。

（二）指导内容选择的认知负荷效应

认知负荷理论已经在教学实践中产生了许多教材内容组织原则，这些效应是认知负荷理论的外在展现，对于内容选择有着直接和明确的指导作用。其中与内容选择相关的认知负荷效应主要包括元素互动效应、想象效应、自我解释效应等，如表3-1所示。①

① Sweller J, Ayres P, Kalyuga S. Explorations in the learning sciences, instructional systems and performance technologies［M］. New York：Springer, 2011.

表 3-1　与内容选择相关的认知负荷效应

认知负荷效应	描述	相关研究
元素互动效应(The Element Interactivity Effect)	元素交互性水平高的情况下其他认知负荷效应会更明显	Sweller and Chandler (1994); Kalyuga, Chandler and Sweller (2001); Leahy and Sweller(2008)等
诱人细节效应(Seductive details effect)	在学习材料中添加有趣却无关的额外内容会降低学习者的学习效果	Mayer R E, Griffith E, Jurkowitz I T N, et al(2008)等
想象效应 (The Imagination Effects)	学习者想象一个学习过的解决方案路径比再次学习相同的例子有更好的学习效果	Cooper, Tindall-Ford, Chandler, and Sweller (2001); Leutner、Leopold 和 Sumfleth(2009) 等
自我解释效应(The Self-Explanation Effect)	学习者在大脑中解释学习要素间联系,有利于图式的获得	Renkl(1997); Atkinson & Renkl (2007); Hilbert & Renkl (2009) 等

　　其中元素交互性效应(The Element Interactivity Effect)是其他所有认知负荷效应的基础。元素交互性表征学习材料的复杂程度,直接决定内在认知负荷。由于元素交互性强会增加认知负荷,所以通过认知负荷效应进行教学设计可以很好地发挥作用。而在元素交互性很低,学习很轻松的状态下,使用认知负荷效应对材料进行干预对消协效果的影响就小得多。认知负荷效应只有在认知负荷高的情况下才更有效果,这一事实被称为"元素互动效应"。元素交互效应会调节和影响其他各类效应,例如情态效应、专家逆转效应以及想象效应等大部分其他认知负荷效应。

　　想象效应(Imagination Effects)和自我解释效应(Self-Explanation

Effects)密切相关,① 它们的特征在于不直接依赖教学材料,而主要依赖于学习者自身的行为,教材可以通过选取适当的脚手架内容来对学习者行为进行引导。② 想象效应研究由来已久,有各种描述, 例如"象征性排练"(Symbolic Rehearsal)③、"想象练习"(Imaginary Practice)等。在认知负荷理论研究中,Cooper 等于 2001 年④首先研究了想象效应,发现指导学习者想象一个先前学习过的解决方案比再次学习相同的例子会产生更好的学习效果。这是由于想象需要在工作记忆中发生,且明确地将有限的工作记忆资源导向构成内在认知负荷的所有交互元素,而不用处理外界的无关的学习要素。而且一项任务所需要的认知需求越大,想象对提高学习者的表现越有益。⑤ 而自我解释是指学习者在学习一个有用的样例时的心里对话(Mental Dialogue),以帮助他们理解样例和建立图式。⑥ 通过自我解释比只处理表面结构的学生学得更多,⑦ 表现出更大的知识增益。

由此, 本部分在相关认知负荷效应的指导下, 分别从数字教材

① Wylie R, Chi M T H. The self-explanation principle in multimedia learning[J]. Wm Cmnmiige Iiandbaak Tmitirff Dis Lbsfnm, 2005, 16(1): 81-83.

② Atkinson R K, Renkl A, Merrill M M. Transitioning from studying examples to solving problems: Effects of self-explanation prompts and fading worked-out steps[J]. Journal of Educational Psychology, 2003, 95(4): 774-783.

③ Sackett R S. The relationship between amount of symbolic rehearsal and retention of a maze habit[J]. The Journal of General Psychology, 1935, 13(1): 113-130.

④ Cooper G, Tindall-Ford S, Chandler P, et al. Learning by imagining[J]. Journal of Experimental Psychology. Applied, 2001, 7(1): 68-82.

⑤ Ginns P. Imagining instructions: Mental practice in highly cognitive domains[J]. Australian Journal of Education, 2005, 49(2): 128-140.

⑥ Clark R C, Nguyen F, Sweller J. Efficiency in learning: Evidence-based guidelines to manage cognitive load[J]. Performance Improvement, 2007, 10(3): 325-326.

⑦ Chi M T H, Bassok M, Lewis M W, et al. Self-Explanations: How students study and use examples in learning to solve problems[J]. Cognitive Science, 1989, 13(2): 145-182.

内容选择的四个影响因素出发，进行具体的分析和探讨。

二、数字教材内容选择取向

数字教材内容选择取向是指数字教材选择内容时由什么方向引导，侧重于什么方面，体现了教材研究者或设计者对数字教材内容选材的深度理解和思考。本部分首先探讨了传统教材在内容选择时的两种传统取向。接着通过结合认知负荷理论，在教材内容选择的传统取向基础上，提出了以学习者先前知识（Prior Knowledge）为中心的两种内容选择取向，分别是是先前经验（Prior Experience）取向和先前学科知识（Prior Subject Knowledge）取向，并探讨了两种取向的不同应用场景。为数字教材的内容选择提供了原则和取向依据。

(一) 教材内容选择取向的演变

在早期的社会中，教材内容的生产和选择主要受到政治的定义和控制，宗教或政治精英为教材知识的生产奠定了基本的政治条件，并将其传递给下一代。① 例如综合性蒙学教材《三字经》，开篇的"人之初、性本善"蕴含着推崇"性善论"儒家思想，从而使儒家思想在民间得到传播。②

到了 19 世纪，国家教育系统的发展导致了课程的产生，教材的编写需要符合和辅助国家规定的相关课程，国家通过审批程序来进行控制。这些审批程序在组织形式和范围上有明显的不同，例如法国在 19 世纪下半叶确立了广泛豁免批准程序（Broad Exemptions From The Approval Process）的想法，并在 20 世纪的整个过程中传播

---

①　Sammler S. History of the school textbook[C]//The Palgrave Handbook of Textbook Studies. New York：Palgrave Macmillan，2018.

②　蔡若莲. 古代识字教材《三字经》之研究[J]. 河北师范大学学报（教育科学版），2000(3)：34-40.

到其他国家。由此国家在很大程度上可以通过控制课程来控制教材内容。同时，统一的教科书也被认为是促进国家成功融合的一个重要因素。

也正是从 19 世纪开始，教材开始被认为是一种知识传播的重要载体，① 知识内容的选择也由此开始呈现出两种最主要的取向，分别是学科中心取向和经验中心取向，②③ 其中经验中心取向又分为学习者经验和社会生活经验。以学科逻辑为中心的选材取向，强调在教材内容选择过程中学科本身的逻辑性和系统性。以学习者经验为中心的取向则认为教材内容选择应当从学习者的个人生活经验出发。以社会文化经验中心强调教材结构组织应当以社会经验、文化环境和背景为出发点。④ 但总的来说，大部分教材内容选择取向都是在学科本位和经验本位这两种方向之间摇摆，⑤⑥ 如表 3-2所示。

表 3-2　教材内容选择取向演变

产生时间	取向	取向与指导思想	代表学者	对于知识结构组织的观点
19 世纪中后期	学科中心取向	知识中心思想	赫尔巴特学派：赫尔巴特、戚勒、赖因	教材即学科知识，强调知识本身的逻辑顺序

① Tyack D, Tobin W. The "Grammar" of Schooling：Why has it been so hard to change? ［J］. American Educational Research Journal, 1994, 31（3）：453-479.

② 张华. 课程与教学论[M]. 上海：上海教育出版社，2000：191.

③ 钟启泉，张华. 世界课程改革趋势研究[M]. 北京：北京师范大学出版社，2001.

④ 张鹤，国晓华. 从教材理论发展的三个方面看教材评价[J]. 当代教育论坛，2005（11x）：45-46.

⑤ 张恰. 国外主流的教材设计思想述评[J]. 外国教育研究，2006（2）：52-56.

⑥ 范印哲. 教材设计导论 [M]. 北京：高等教育出版社，2003. 21.

续表

产生时间	取向	取向与指导思想	代表学者	对于知识结构组织的观点
20 世纪 20—30 年代	经验中心取向	经验中心思想	杜威、克伯屈、莫里逊	强调教材应结合学生生活经验,应以学生的经验组织知识结构,例如以生活题材为学习单元
20 世纪 30 年代左右	学科中心取向	要素主义思想	巴格莱	强调按照知识要素本身的逻辑系统来编制教材结构。
20 世纪 50 年代	学科中心取向	范例式思想	瓦·根舍因、克拉夫基、海姆佩尔	强调从个别到一般内容组织方式
20 世纪 60 年代后期	经验中心取向	人本中心思想	马斯洛、罗杰斯、费洛姆、奥尔波特、杰雷特①	强调教材应以学习者个人才能和天赋水平来组织知识结构,推崇"体验式教材"②。
20 世纪 80 年代	经验中心取向	学材式思想	高仓翔③	强调教材知识结构组织应当个性化、个别化

经验中心取向的学者更强调学习者自身认知水平对于学习的制约性,因而认为内容选择应当以学习者经验水平为基准展开。而学

① 高文. 现代教学的模式化研究［M］. 济南:山东教育出版社,2000. 648-649.

② 梁宇. 基于"学习者感受"的体验式国际汉语教材设计［J］. 语言教学与研究,2011(4):100-106.

③ 沈晓敏. 关于新媒体时代教科书的性质与功能之研究［J］. 全球教育展望,2001(3):23-27.

科中心取向则认为，无论学习者的个人经验水平如何，前人总结的、系统的学科知识能更科学地促进学习者知识网络的发展。

学科中心取向是一种最早，最为传统的教材内容选择方式，以学习者掌握学科知识的内在逻辑和完整系统为目标，可分为学科浓缩型、学科结构型和多学科综合型三个类别。① 在这种取向指导下进行内容选择的教材往往专业性较强，直接将学科的"终点"——内行专家总结出的学科的完整逻辑，呈现给处在"起点"的初学者。因而容易出现难度太高的问题，且容易忽视学生的社会性发展。②

经验中心取向又可以细分为社会经验取向和个人经验取向。社会经验取向认为教材内容应当从所处社会的政治经济文化等各方面因素出发。③ 学习者经验取向强调应从学习者的兴趣和个人经验出发，从某种程度上来讲是对社会经验取向的一种细化，社会经验更强调社会和群体经验，具有一定的普遍性，而学习者经验取向则更具差异化。经验取向对于破除传统学科知识取向的统治具有很重要的意义，但由于过于强调生活经验和个人价值，不利于学习者掌握和继承现有的人类文化和知识结晶，反而限制了主体的发展。

从表3-2中我们可以看出，两种取向在时代中交替轮换，但随着时代、技术以及教材实践的发展，传统教科书的主导地位不断受到质疑，并渐渐失去了垄断地位，教育和知识民主化的诉求日益凸显，④ 单纯地以一种思想主导的内容选择方式已经过时，两种看似矛盾的内容选择取向趋于融合，两种取向并不是非此即彼的关系，而是具有内在统一性。⑤ 教材选材需兼顾发挥两种取向的优点，并

① 廖哲勋，田慧生. 课程新论［M］. 北京：教育科学出版社，2003：321.

② 克伯屈. 教学方法原理［M］. 北京：人民教育出版社 1991：255.

③ 张鹤，国晓华. 从教材理论发展的三个方面看教材评价［J］. 当代教育论坛，2005（11x）：45-46.

④ 钟启泉. 一纲多本：教育民主的诉求——我国教科书政策述评［J］. 教育发展研究，2009，29(4)：1-6.

⑤ 任长松. 走向新课程［M］. 广州：广东教育出版社 2002：240.

规避两者的不足。①②

(二)基于认知负荷的数字教材内容选择取向

本书认为，上述两种传统取向可统一在认知负荷理论中"学习者先前知识(Prior Knowledge)"这一大的概念之下(见图3-1)，先前知识是指学习者在学习之前的长期记忆中所储存的经验态度和知识的总和，既包括学习者与学习相关的个人经验和态度，又包含学习者拥有的与学科相关的专业知识。而教材知识内容的选取实际上需要解决的是学科复杂系统知识与学习者先前知识之间的矛盾或差距。

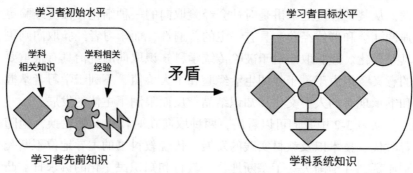

图3-1　学习者先前知识与学科系统知识的矛盾

学习者的先前知识极大地影响学习的有效性，③ 因为它可以用

---

① 李艺，钟柏昌. 重构信息技术课程——从经验选择走向思想投射[J]. 电化教育研究，2015，(10)：5-11.

② 张华. 论课程选择的基本取向[J]. 全球教育展望，1999，(5)：25-31.

③ Spector J M, Merrill M D, Elen J, et al. Handbook of research on educational communications and technology[M]. New York：Springer Publishing Company，Incorporated，2013.

于应对新的学习材料所带来的认知需求。① 对于初学者来说，呈现完整的学科系统知识，会因为学习者先前知识或社会经验不足而超出学习者能够处理的工作负荷，从而导致其无法有效学习或学习效果不理想。相反的，当学习者的先前知识足够完备，已经掌握了大量的学科知识元素，那么此刻以学科知识取向来进行教材内容组织，不仅不会对学习者产生过多的认知负荷，还有利于其对知识的掌握。而此时以经验取向来进行内容选择，反而会阻碍学习者对于学科知识系统的吸收，不利于其进一步发展。

因此，在认知负荷理论视角下，传统的两种内容选择取向统一在以学习者先前知识为基础的原则下，适用于学习者学习过程中的不同阶段。教材内容选择随着学习者自身状态的变化，是一个由选择具象生活经验知识为主逐渐转化为以选择抽象学科知识为主的过程。以数学为例，对于完全没有数学知识的初学者（儿童），学习者拥有的先前知识仅限于来自社会生活的经验，例如从实物中体认到"数字"的概念。在这种情况下，比起抽象知识的教授，教材以学习者经验取向进行内容选择显然会给学习者带来更低的认知负荷。而当学习者掌握了一定的数学知识，例如加减法和乘法，这时，从学习者先前知识出发，教授除法知识则有利于学习者对新知识的理解和运用。而当学习者已经能够熟练掌握和应用大部分运算知识，需要进行总结和提升时，教材内容选择取向上就应以学科知识逻辑为重心，在学习者已掌握的分散知识点的基础上，帮助其进行整合，理解知识间的关联，建构自己的知识体系。

教材内容选择虽然都应以学习者先前知识为中心，但是，根据数字教材的学习目标、学习者以及学习阶段的不同，细分的主导取向也不同。我们结合数字教材实践，分别阐述先前经验（Prior Experience）取向和先前学科知识（Prior Expertise）取向的应用场景。

---

① Amadieu F, Gog T V, Paas F, et al. Effects of prior knowledge and concept-map structure on disorientation, cognitive load, and learning[J]. Learning & Instruction, 2009, 19(5)：376-386.

（1）学习者先前经验取向

数字教材内容选择的先前经验取向是指立足于学习者生活环境、文化环境和实际需求，从学习者已有的生活经验出发，围绕其关心的现实问题且具有教育意义的实际事例进行内容的选取。

这种取向针对的主要是学科领域的初学者，在这个阶段，学习者对学科知识的理解处于模糊的状态，缺乏对学科知识的规范和系统性认识，但有与学科知识相关的生活经验。在这种情况下，根据学习者经验取向进行内容的选择，有利于将学科知识和学习者经验联系在一起，从而有效地降低学习材料的内在认知负荷。数字教材采用经验取向进行内容选择的目的是将学习者"领进门"，从学习者无意识的经验出发，引入有意识的学科知识学习的范畴（图 3-2）。由于每个学习者的个人经验千差万别，因此这个阶段的内容组织是一种横向的展开，需要尽可能多地考虑不同的经验。

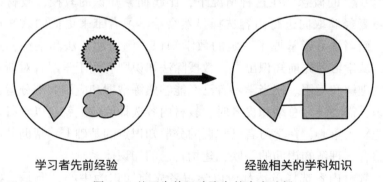

学习者先前经验　　　　　　　　经验相关的学科知识

图 3-2　基于先前经验取向的内容选择

传统教材成本高，且内容的选择由"国家定义"，具有"兼顾多数"的特征，① 很容易出现忽视地区和民族经验的差异，以及对新出现的生活经验不够敏感等问题。而数字教材因其制作周期短、生

① 赵志明，吕蕾. 论数字教科书知识选择的"国家定义"与"个人定义"[J]. 湖南师范大学教育科学学报，2014，13（2）：63-67.

产成本低，且内容选择具有"个人定义"的特征，则在满足用户个人经验方面具有很大的优势。从 2001 年开始我国教育部也启动了基础教育新课程改革，教材政策从"一纲一本"转变为"一纲多本"，以适应不同地区的教育水平差异。① 因此，数字教材在内容选择上应以大纲为中心，结合学习者的个人经验进行差异化的内容选择。

在经验取向的内容选择中，最典型的例子就是地区经验差异，例如进行数学学习，母语是中文的学习者使用英语国家的英文教材来学习数学无疑会增加极大的外在认知负荷。英语数字教材《多邻国》就会根据学习者的母语及相关文化进行内容选择。性别差异也会影响教材内容选择，譬如性教育数字教材，由于男女身体构造不同、生活经验不同，分别针对男性女性选取相应的内容显然更能促进学习者的学习。另外，时代经验对于内容选择也有重要意义，随着"数字原住民（Digital Natives）"或"网络一代（Net Generation）"成为数字教材的主要用户群体，他们的认知特征和行为倾向，例如其信息行为的非线性和不连续性，②③ 对即时反馈和奖赏有更高的期望和敏感度，④ 乐于展示自我、交流⑤、创造⑥⑦，且具有较强的

① 钟启泉. 一纲多本：教育民主的诉求——我国教科书政策述评［J］. 教育发展研究，2009，29（4）：1-6.

② 王文韬，谢阳群，占南. 基于 ERG 理论的数字原住民信息行为研究［J］. 情报理论与实践，2015，38（9）：42-46，7.

③ Koh K, Dresang E. Modeling and assessing radical change youth information behavior in the digital age：A pilot study［J］. Proceedings of the American Society for Information Science and Technology，2009，46（1）：1-7.

④ Rosen L D. Rewired：Understanding the iGeneration and the way they learn［M］. New York：Palgrave Macmillan，2010.

⑤ Tapscott D. Grown up digital：How the net generation is changing your world［M］. New York：McGraw-Hill. 2008.

⑥ Poon D C H, Leung L. Effects of narcissism, leisure boredom, and gratifications sought on user-generated content among net-generation users. International Journal of Cyber Behavior［J］. Psychology and Learning，2011（1）：1-14.

⑦ 李宜霖，周宗奎，牛更枫. 数字技术对个体的影响［J］. 心理科学进展，2017，25（10）：1799-1810.

获取和加工信息的能力,① 擅长从事媒体多任务（Media Multitasking），适应群体学习任务等，也在一定程度上左右了教材内容的选择。

（2）学习者先前学科知识取向

基于学习者先前专业知识取向的数字教材内容选择面对的是有一定专业基础的学习者，由于学习者的专业知识是一个随着学习不断增长的过程，因而以此为取向的数字教材内容选择具有纵向特征。在这个阶段，学习者已经拥有了一些专业知识，内容的选择需要基于学习者已有的知识储备，在其基础上的最近发展区进行拓展，或对其知识体系查缺补漏（图3-3）。

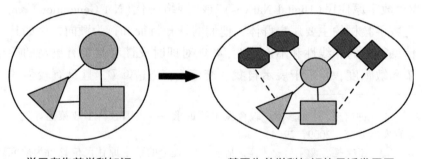

学习者先前学科知识　　　　　　基于先前学科知识的最近发展区

图3-3　基于先前学科知识取向的内容选择

最近发展区由认知心理学家维果茨基（Vygotsky）提出，关注的是学习者现有水平和其可能达到的水平之间的区域。② 在数字教材内容选择的过程中，不能简单地将学习者最终期望达到的目标知识水平作为选择依据，因为最终目标水平和学习者现有的专业知识间

---

① Prensky M. Digital Natives, digital immigrants part 1[J]. On the Horizon, 2001, 9(5)：1-6.

② 维果茨基. 维果茨基教育论著选[M]. 北京：人民教育出版社, 2005.

的发展区域可能间距太大,① 导致学习者无法处理大量关系复杂的元素，而产生巨大的认知负荷。

反过来，当学习者已经拥有了相当的知识，教材却仍是从零开始，就会造成专家逆转效应，即对初学者有意义的知识对更专业的学习者来说变成了一种冗余信息。这些信息要求学习者通过借用和重组原则调用认知资源对交互元素再次进行处理，导致学习者产生额外的认知负荷。

三、基于学科类型的内容选择

本部分主要探讨当前数字教材的实践中，不同学科在进行内容选择时的现状和特征，并在此基础上提出了针对不同学科的内容选择策略与方法。

(一)不同学科的内容选择特征

数字教材发展时间短，相较于传统教材，学科类型较少，且有一定的侧重。目前，数字教材在学科选择上最多的无疑是语言(二语)教材和数理化教材。这一方面是由于学习者对某些学科的需求更大，另一方面则是因为数理化等被认为"较难"的学科需要更简单更轻松的学习方法或需要更多时间的投入，而数字教材的增强功能可能将一些在传统教材上无法实现的内容轻松呈现。

对于数学、物理、化学等以应试为主要目的学科来说，数字教材的内容主要来自传统纸质教材，甚至完全移植了传统教材的版本。譬如一些数字教材往往提供华师大版、北师大版、人教版、湘教版、冀教版、苏科版、鲁教版、沪教版、沪科版、青岛版、浙教版、北京课改版、通用版等多个版本的知识内容。这类学科的数字

79

---

① 孙颖，王芳，杨英英. "最近发展区"理论对工程教育的启示[J]. 高等工程教育研究，2012(6)：96-100.

教材通常会在完全基于纸质教材的基础上，增加和强调实验内容的学习，以及增加大量的有趣的背景知识和相关趣事，以期吸引学习者的注意力，但也存在过度娱乐化的倾向。

　　而语言类学科学习的最终目的更偏向应用，并不完全以应试为目的，同时英语学习的材料涵盖范围也比较广泛，从语法教材到外文报纸、书籍等，因而语言类数字教材在内容选择上的发挥空间更大，选材更具多样性，也更新鲜实时。其中以学习者异步学习为主的数字教材通常采取与老牌内容提供商的合作的方式，通过与内容提供商合作获取相关学习材料，应用于数字教材的体系之中。例如《宝宝玩英语》就在 2018 年与 BBC 合作，购买了学龄前儿童节目品牌思贝斯（CBeebies）的视频故事内容。① 哒哒英语也与英国培生集团（Pearson）成为教育战略合作伙伴，同时还与圣智学习集团（Cengage）建立了专家级别合作伙伴关系，获取了其旗下的"美国国家地理学习（National Geographic Learning）"课程内容。② 而在主打学习者同步学习、引入指导者在线教学的数字教材中，则通常倾向于依靠资深教师来选择和编写学习内容，依托于教师多年的教育经验和对应试的理解。例如一些数字教材在内容选择上依靠真人教师，大量招募来自重点高校及师范院校的教师。同时也有许多数字教材大量使用外教，以期为学习者提供一个原汁原味的语言环境。虽然这些数字教材对于内容选择都极为重视，甚至有"军备竞赛"的倾向，积极争取海外教育资源，然而，外国的教材及师资是否能适应中国学习者的学习经验，促进学习效率，是一个需要认真考量的问题。

　　除了数理化和语言教材，数字教材还孕育了一种新的学习主题——认知学习教材（Cognitive Learning E-textbook）。这类教材的

---

　　① 冬妮.【芥末晚报】高端人才对接"科学家在线"获投资和晶科技复牌[EB/OL].（2018-04-16）[2018-12-15]. https://www.jiemodui.com/N/93233.
　　② 怡彭. 哒哒英语联手培生、圣智，在线英语掀起"内容"军备竞赛[EB/OL].（2017-07-14）[2018-12-15]. https://www.jiemodui.com/N/81685.

内容选择主要依赖于相关的脑科学研究，是一种探索性的数字教材。根据其目的可以分为两大类，一类是旨在改善相对健康人群的认知功能的数字教材，另一类是旨在减轻由心理健康问题、成瘾、残疾或创伤性损伤引起的认知缺陷的数字教材，① 其中又以前者占市场主导。这类教材融合了前沿的神经科学和生物技术，为了提高或调整认知能力，以脑力训练课程"Memorado"为例，该教材旨在改善学习者感知力、工作记忆、理解力、情绪状态、决策制定、流动智力(一般问题解决)和逻辑推理能力。它们是一种元认知产品，用户通过理解和操纵学习过程本身能够修改认知(学习)行为。换句话说，通过对认知训练，可以增强学习者工作记忆的信息处理能力，从而使得其他知识对于该学习者的内在认知负荷相对降低。

(二) 不同学科的内容选择策略

不同学科的知识有着不同的类型特征，要求学习者掌握的技能也不相同。因而在对不同学科进行内容组织时，需要考虑学科知识特征，同时在认知负荷理论的指导下对教材内容组织的方法相应变化，提高学习者的学习效率。

布鲁姆学习目标分类将知识分为事实性知识、概念性知识、程序性知识(过程、技能、技术和方法)以及元认知知识四种类型，② 其中，事实性知识和概念性知识可被合称为"陈述性知识"。由于元认知知识是对自身认知的知识，很难成为教材知识的组成部分。因此，陈述性知识与程序性知识一起构成了组成教材知识的最主要的两个大类。前者指的是静态的事实性知识，后者则指动态的操作性知识，本质上是一种技能或能力，表现为通过练习和运用达到相

81

---

① Adkins S S. 2017 Overview of digital cognitive learning products [R]. 2017.

② 洛林·W. 安德森. 布鲁姆教育目标分类学(修订版)——分类学视野下的学与教及其测评[M]. 北京：外语教学与研究出版社，2018.

对自动化的程度。① 而程序性知识由陈述性知识转化而来，当静态陈述性知识用于解决问题并进行操作时，就会转变为动态的程序性知识。

虽然两种知识都非常重要地存在于所有学科，但组成不同学科的知识的类型是有差异的，而且不同学科对于学习者知识类型掌握的要求也有不同。例如在基础教育中，体育学科更要求学习者掌握程序性知识而非仅仅是陈述性知识，历史学科则更注重学习者对于陈述性知识的掌握和贯通。

（1）理科

理科知识包括数学、物理化学等自然科学。比较主要的特点就在于其程序性，遵循"条件—活动"的规则，以"产生式"储存并支配学习者行为。②

其中又以数学学科最为典型，国内外的数学教育研究和实践中都普遍强调了数学知识的程序性特征。③ 因而，在对数学教材进行内容选择时，仅注重陈述性知识显然是不够的，应重点放在对程序性知识即对数学过程的学习和理解上。大部分数学学科的数字教材在内容选择上都强调了这一点，在一些数字教材中，几乎没有选取陈述性知识，完全通过"练习—错误—改正"来学习。同样的，物理、化学学科的数字教材也多将选取内容的重点放在程序性知识上，如通过模拟实验的方式来重点组织程序性知识。然而也有少部分理科数字教材则容易倾向于在陈述性知识上下工夫，通过花哨的动画效果、视频讲解来对陈述性知识进行渲染和强调，反而会增加学习者的外在认知负荷，不利于学习者对学科知识的掌握。

① 喻平. 数学核心素养的培养：知识分类视角[J]. 教育理论与实践，2018，38（17）：3-6.

② 秦德生. 美国中小学数学程序性知识课程设计特征及其启示[J]. 外国中小学教育，2015（3）：62-65，15.

③ 中华人民共和国教育部. 全日制义务教育数学课程标准（实验稿）[M]. 北京：北京师范大学出版社，2013：66-68.

　　虽然理科知识以程序性知识为主，但数学知识与物理、化学知识又有些不同，数学知识更具抽象性。目前许多数学学科的数字教材采用学习者经验取向，试图为所有知识点提供一个现实背景知识，或尽可能地为问题编制一些现实情境。然而，虽然有一部分像"概率""面积""分数"等数学知识可以通过现实生活中的经验来理解，但很大一部分是具有超验性的，例如"无限""负数""虚数"等概念。对于这类知识，一味地提供情境或现实背景，反而有可能造成信息冗余，进而给学习者增加不必要的认知负荷。

　　因而在选择数学教材的内容时，应当意识到很大一部分的数学知识是人类长期理性和抽象思维的结晶，并不能都通过当前学习者的经验来理解。① 这是因为数学知识学习的目的就在于学习者掌握抽象结构本身，而非应用于实践的知识。而即便一些数学知识可以从经验中来理解，也需要上升到抽象才能实现数学知识的学习。相比之下，物理和化学知识则以客观世界的具体物质运动形态为研究对象，因而采取学习者经验取向来指导内容选择更为合理。

（2）文科

　　文科是指人文社会科学，主要包括语言、历史、政治等学科。这些学科以陈述性知识为主。与程序性知识的操作性不同，陈述性知识更强调学习者的记忆和理解。学习者在吸收和理解陈述性知识时，首先在头脑中表征为命题网络，即互相关联形成网络的一组命题，其次通过表象表征或线性排序的方式对事物进行认识、记忆和储存，最后新的知识与原有旧的知识之间进行通化，形成新的图式。② 因而在这些学科的内容选择中，应当选择有意义的陈述性知识命题网络，注重知识的有机性和整体性，促进学习者对知识的记忆以及图式的形成。

---

① 邓永财. 试论探究学习与接受学习的融合[J]. 中国教育学刊，2003，(11)：37-40.

② 吴庆麟. 教育心理学[M]. 北京：人民教育出版社，1999：244-264.

而由于人文社会科学是同人类社会有关的学科，为了促进学习者的吸收和理解，降低学习者的认知负荷，应当着重采取以社会生活经验和学习者先前经验的取向来进行内容选择。就英语学科来说，英语知识不像数学知识有十分明确且清晰的知识点，其跨度非常广泛，但大部分英语教材是从身边事物着手，从身边的人与物等常用语开始学习。同时，根据巴赫金（Bakhtin，1981）的对话理论，所有的语言都是对话性的、动态的和互动的，而且都依赖于环境，即语言学习需要在自然情境下，通过社会互动进行。莱夫（Lave）和温格（Wenger）提出的情景学习理论也指出语言学习者需要融入社会文化中，在社群中学习。① 数字教材的互联网环境则刚好可以为情境化的语言学习环境提供一个合适的土壤，由于其开放性和互动性，来自全球的用户可以互相交流，形成不同语言的学习社群。因此，这类数字教材除了教材自带的知识外，事实上还选取了学习者所拥有的知识，供其他学习者学习和分享，提供了意外收获新知的可能性，同时也通过提供这样的语言环境增加了语言学习的训练机会。

除了学科知识的社会性之外此外，学科自身呈现出来的社会特征也会影响数字教材内容选择。以计算机语言学科为例（计算机语言要求学习者在逻辑、算法、经验和知识四个方面大量记忆陈述性知识，因而在本书中被看作文科②），在社会氛围和性别偏见中有一种较为普遍的认知，即女性在学习编程语言比男性要弱。除了刻板印象，两性在计算机使用行为上也确实有比较明显的差别。虽然使用频率大致相当，但女性使用电脑进行短信和社交互动的经验更丰富，③ 而男性在硬件安装、游戏和娱乐活动方

① 秦丽莉，戴炜栋. 二语习得社会文化理论框架下的"生态化"任务型语言教学研究[J]. 外语与外语教学，2013(2)：41-46.

② 玻璃猫. 编程究竟是文科还是理科？[EB/OL]. (2017-07-06)[2018-12-20]. http://www.sohu.com/a/154828923_453160.

③ Beyer S，Rynes K，Haller S. Deterrents to women taking computer science courses[J]. Technology & Society Magazine IEEE，2004，23(1)：21-28.

面更有经验,① 且男性对计算机的态度更轻松，对自己的能力更有信心。②③ 许多研究也表明，男性和女性在使用数字教材时的行为倾向也不同。例如女生的目的性更强，关注需解决的现实问题，比男生使用教材信息的频率更高，与他人交流更频繁。④ 而相比于女性，男性倾向于学习信息技术本身⑤、更爱热衷于游戏，而传统上计算科学专业的女生比例一直很低。⑥ 因而，为了降低女性学习编程语言的门槛，提高女性计算机行业从业者的数量，不少国家和地区尝试开发专门针对女性的编程数字教材和课程，即专门基于女性生活经验来选取教材内容。例如加拿大的"Ladies Learning Code"，日本的"Code Girls"⑦、面向有色人种的"Black Girls Code"⑧，2012年美国建立的非营利组织"编程的女孩（Girls Who Code）"，仅招收6—12年级的女性，并强调女性身份进行教学，例如由两名女高中

---

① Varma R. Women in information technology：A case study of undergraduate students in a minority-serving institution[J]. Bulletin of Science, Technology, and Society, 2002, 22：274-282.

② Besana G, Dettori L. Together is better：Strengthening the confidence of women in computer science via a learning community[J]. Journal of Computing Sciences in Colleges, 2004, 19(5)：130-139.

③ Beyer S, Dekeuster M, Walter K, et al. Changes in CS students' attitudes towards CS over time：An examination of gender differences[J]. Acm Sigcse Bulletin, 2005, 37(1)：392-396.

④ 李毅，闫现洋，吴桐. "数字鸿沟"视角下的网络远程教育公平性检视与问题对策——免师硕士生的性别、民族、学习方式对网络学习成效的影响[J]. 远程教育杂志, 2015, 33(4)：98-105.

⑤ Volman M, Van E E. Gender equity and information technology in education：The second decade[J]. Review of Educational Research, 2001, 71(4)：613-634.

⑥ Carbonaro M, Szafron D, Cutumisu M, et al. Computer-game construction：A gender-neutral attractor to Computing Science[J]. Computers and Education, 2010, 55(3)：1098-1111.

⑦ 怡彭. 女性程序员的培养，要从娃娃抓起[EB/OL]. (2015-08-05)[2018-12-21]. https://www.jiemodui.com/Item/13874.

⑧ 俞. 那些女性编程产品：程序媛的未来就靠你们了！[EB/OL]. (2015-07-21)[2018-12-26]. https://www.jiemodui.com/Item/13799.

生开发的游戏"卫生棉条快跑(Tempon Run)"①。

根据女性在互联网虚拟社区中拍照、分享的经验，2014 年开发的数字教材薇德编码(Vidcode)针对女性用户，专门教学与视频、照片编辑相关的 JavaScript 编程内容。相比于男生，女生更喜欢可爱的、漂亮的玩具，2016 年推出的数字教材"宝石机器人(Jewelbots)"针对这一特点结合了可穿戴设备——带有 LED 灯和振动器的小花手链，鼓励女孩学习编程。围绕女孩喜爱的装饰品，她们可以在 APP 中学习编程来设计手链的功能和规则，例如改变颜色或创造出朋友间沟通的独特语言，作为社交游戏的一部分。② 2017 年，橙旭园儿童编程创始人陈斌开发了"程序媛"数字教材，适用于 PC 和智能手机端，适用年龄层是 7 岁以上的女性。"程序媛"根据女性偏好交流沟通的信息行为特征，采用模拟真人教师的"对话式"自动学习系统。③

四、基于学习层次的内容选择

本部分分析当前数字教材的实践中，不同学习层次的数字教材在进行内容选择时的现状和特征，并在此基础上提出了针对不同学习层次数字教材内容选择策略与方法。

(一)不同学习层次内容选择的特征

从教育阶段来看，数字教材内容资源覆盖了从启蒙教育、基础

① Tiku N. Teenage coders behind Tampon Run take their feminist game to the App Store［EB/OL］.（2015-02-03）［2018-12-26］. https://www.theverge.com/ 2015/2/3/7964667/tampon-run-feminist-game-girls-who-code.

② Harris A. How minecraft inspired jewelbots the programmable bracelets for tween girls［EB/OL］.（2015-05-22）［2018-12-26］. https://www.fastcompany. com/3046519/how-minecraft-inspired-jewelbots-the-programmable-bracelets-for-tween-g.

③ 子航. 打破男人的"垄断"，"程序媛计划"成就女程序员［EB/OL］. (2017-08-11)［2018-12-27］. https://www.jiemodui.com/N/82450.html.

教育、高等教育到职业教育的各个学习阶段或层次，每个层次都有类型丰富的产品。

随着时代、社会以及家庭对素质教育认知的提升，启蒙类的数字教材的关注点不再仅仅是单纯的知识和技能，而是愈发希望为儿童提供一种有意义的教育成长经历。因而启蒙类数字教材在内容选择上多以儿童身边的事物和经验作为出发点，注重儿童对于知识的感知和模仿，因而知识内容通常并不多，重在营造一种学习体验。但一方面这种学习体验的效果难以直接测量和评价，另一方面消费者普遍缺乏辨别启蒙类数字教材好坏的专业能力，导致许多启蒙类数字教材随意选取内容滥竽充数。例如随意拼凑简单的游戏就宣称对儿童具有启蒙教育作用的数字教材比比皆是。

而到了基础教育及高中教育阶段，正是学生成长发展的关键时期，也是为高等教育打好基础的关键阶段。在这个阶段，学生学习最主要的目标是尽可能多且尽可能熟练地掌握课标范围内的知识。因而数字教材在内容选择上通常也较为严格地遵循课程标准的要求选取知识点，同时倾向于依赖名师来选取关键知识点，例如在考试中的常见考点、常见错误或常见的知识混淆等。这个阶段的数字教材由于有学校和老师帮忙筛选，在内容选材上一般中规中矩，但也存在为了吸引用户，大量添加娱乐性内容、过度娱乐化的倾向。

高等教育的功能在于培养综合能力，促进学生社会化，并分类筛选不同类型的人才促进其找到合适的劳动岗位等。因而高等教育数字教材在选材上并无清晰规范，主题和内容涉猎非常广。学习是一个从低层次的学习阶段（对基本事实和概念的记忆理解）到高水平的学习阶段（利用更复杂的知识评估和创造）的认知过程。[①] 高等教育对于学习深度的要求较高，但总的来说，目前针对高等教育的数字教材，选择的知识内容大都针对低阶（Low-order）和中阶（Mid-order）的学习阶段，适用于高阶学习（High-order）的较少，并

87

---

① Anderson L W, Krathwohl D R, Airasian P W, Cruikshank K A, Mayer R E, Pintrich P R, et al. A taxonomy for learning, teaching, and assessing: A revision of Bloom's taxonomy of educational objectives[M]. New York: Longman, 2001.

不能很好实现高等教育的功能。在高等数字教材中，学习层次可以通过学习资源的形式体现出来，例如，PowerPoint 幻灯片这样的资源通常用于在学习过程中的叙述，其目的是促进学习者理解和记忆相关事实性或概念性知识，属于低阶的学习。劳（Lau）等[①]在物流/供应链管理（LSCM）和信息系统（IS）课程选取了来自 28 家不同的出版社于 2000—2016 年出版的，100 种常用的大学数字教材作为分析的样本，总结和定位出数字教材中资源的学习层次如表 3-3 所示。

表 3-3　数字教材学习资源层次

高阶学习：整合（开发和沟通资源）			·软件	·章节后问题解决和小组活动
中阶学习：构建（操作和解决如何使用资源）		·CD/DVD ·电子书 ·互动电子文本 ·电子注释等	·章节后案例讨论 VR 活动 电子文本 社交活动	·章节后练习与测试 ·学习者修订网站	
低阶学习：概念化（获取信息和资源）	·题库 ·PPT ·视频片段 备忘录 ·章节后小测等	·词汇表 ·字典 ·索引		

---

① Lau K H, Lam T, Kam B H, et al. The role of textbook learning resources in e-learning: A taxonomic study [J]. Computers & Education, 2018 (118): 10-24.

从中可以看出,大部分面向高等教育的数字教材的学习资源集中在低阶和中阶学习阶段,即其主要促进学习者对事实性知识、概念性知识以及部分程序性知识的掌握。

总的来说,目前大部分数字教材期望能给学习者提供轻松娱乐的学习体验,因而选择的内容较为简单,学习者在学习时比较不费脑,认知负荷总体偏低。这类教材更适合初学者进行学习,而并不适用于有基础的学习者进行进一步深入学习。

(二)不同学习层次的内容选择策略

学习层次是指从启蒙教育、基础教育到高等教育及职业教育的各个阶段,学习者在不同学习阶段和学习层次所需要学习的知识和达到的目标是不同的,因此数字教材在内容选择上也有相应的变化。

(1)启蒙教育阶段

在启蒙教育阶段,这一阶段的数字教材主要的学习目的是培养起儿童的概念思维,因而在材料上并无非常明确的规定,但大多采用经验取向的方式进行。为了均衡认知负荷,提高儿童学习效率和学习效果,就需要依据相关认知理论进行教材内容选择。

儿童的概念形成有三个阶段,分别是概念含混时期、复合思维时期、概念思维时期。① 概念含混时期的儿童通过直观表象对事物进行理解,到复合思维时期,儿童在直观理解的基础上对事物进行分类,形成一种直观"概念",但还不是真正意义上的概念;而到了概念思维时期,儿童才能冲破情境和具体联系的限制,走向抽象化的真正意义上的概念。因此,在启蒙教材的内容选择时,大部分数字教材是以直观事物为基础进行内容选取。例如一些启蒙识字数字教材在选择"一"字的知识时,使用了"香肠""玉米""筷子"等象

89

① 何善亮."最近发展区"的多重解读及其教育蕴涵[J].教育学报,2007(4):29-34.

形实物内容，促进儿童对文字抽象概念的理解和记忆。

（2）基础教育（K12）阶段

到了基础教育阶段的数字教材，课程标准主导了内容的选取，以学科知识取向为主导。根据皮亚杰认知发展阶段论观点，此时学习者正处于具体运算阶段和形式运算阶段，① 在内容选择上应随着学习者年级增大逐步从具体过渡到抽象。这个阶段因为学习者主要处于同步学习的环境中，即大量学习者同时同步学习同一知识，因而造成了最大的问题即因学习者自身知识水平参差不齐导致学习者所学的知识不一定在其最近发展区内，降低了学习效率。而同步的、线性的传统教材很难根据学习者的不同水平为其选择最适合的知识内容。但数字教材具有非线性化的特征，其可以根据自己的内容库，定位学习者的先前专业知识层次，针对每个学习者进行第二次的内容选取。

数字教材对学习者掌握的课程标准中的知识进行定位，并根据学习者已经掌握的和未加掌握的知识为学习者进行知识的二次选择，方式主要有两种，分别是自动测试和手动测试。全自动测试是指学习者在初次进入数字教材时，系统提出的测试，通常需要学习者回答专业相关的一系列问题，从而定位学习者知识的掌握情况。例如麦格劳希尔（McGraw-Hill）开发的在线教材"ALEKS（Assessment and Learning in Knowledge Spaces）"，利用知识空间理论，对不同等级的学生通过测试问题的答案进行评估，并根据特定学习者的基础和漏洞自动选取出最适应学习者的学习主题，见图3-4，彩色部分是学习者已经掌握的部分，灰色部分是尚未掌握的部分。

手动测试则是指学习者主动对自己的专业知识进行定位。以英语数字教材"多邻国（Duolingo）"为例，其每个知识点是锁死的，学习者必须按照顺序学习。但如果学习者对某个组块的知识已经很有信心，可以通过"跳过技能测试"功能，当学习者专业知识水平达

---

① 安妮塔·伍尔福克. 教育心理学[M]. 伍新春，等，译. 北京：中国人民大学出版社，2012：30-254.

图 3-4　ALEKS 学习者水平评估饼状图

资料来源：截图于 ALEKS 在线教材。

到即可直接学习下一阶段的知识，而如果水平没有达到则无法跳过学习。

基础教育阶段因知识边界、知识网络都较为清晰，因而通过数字教材对学习者专业知识的测试，可以较为方便地定位其最佳发展区，从而有针对性地进行二次知识选取，有利于降低这个阶段学习者的认知负荷和提高学习效率。

（3）高等教育阶段

基础教育阶段的学习是学习者进入高等教育阶段的基础，高等教育数字教材内容的选择需要参考学习者在基础教育中学习到的知识和获得的技能的基础上进行选择。然而，目前基础教育与高等教育的衔接并不顺畅，出现了一些断层。以数学为例，在基础教育阶段，数学知识的知识面较窄，而一到大学，数学知识内容陡然变得更为抽象，内容也更广泛，思维模式也发生了巨大的变化，① 因而"高数"也成为了大学生公认的难学科目。数字教材在一定程度上

91

---

① 张清年，郭长河，郗多明. 高等教育与基础教育衔接和整合初探——《数学》部分[J]. 河北建筑科技学院学报(社科版)，2004(2)：75-76，80.

弥补了这一断层，例如《酷学习·高数》在内容选择上注重寻找高中数学和高等数学间的衔接知识和关联点。而《一起刷高数》则选取了大量优秀教师和学习者的高数知识讲解视频，以便学习者反复观看，直至掌握。

相比于数学，传统的大学英语教材在内容选择上则过于简单。随着时代发展，学习者接触英语学习的时间越来越早，水平也越来越高，许多学习者在进入大学时的英语水平已经达到了较高的水准。但目前大学英语传统教材的定位仍然是基础英语，①② 在一定程度上造成了大学生对于英语课的普遍懈怠和低效费时，③ 且学习者真正的英语学习诉求也无法被满足。另外，高校英语在内容选择上也过于生僻，脱离生活实际和文化背景铺垫，一方面学习者选取的内容在生活中使用不到，另一方面也增加了内在认知负荷。④ 由此，大量数字教材根据学习者的目标进行知识内容选择，例如以考试考级为目的《有道四六级》《学为贵雅思》等；以日常交流社交为目的注重选取口语知识，例如《多说英语》《英语趣配音》等；还有专门英语教材，针对一些特定的场合进行内容选择，包括《商务英语》《旅游英语》等，当然也有很多针对初学者或基础不牢的学习者，从零开始的英语数字教材。

五、基于学习者认知特征与偏好的内容选择

数字教材为了提高学习者学习效率，需要符合学习者的认知过

① 束定芳. 大学英语教学改革之目标与方向[J]. 东北师大学报(哲学社会科学版)，2012(1)：87-89，96.

② 文旭，莫启扬. 大学英语教材：问题与思考[J]. 外语学刊，2013(6)：97-101.

③ 张绍杰. 大学英语教育改革的目的与理念[J]. 东北师大学报(哲学社会科学版)，2012(1)：85-87，96.

④ 包宗鑫. 大学英语教材出版问题探讨[J]. 赤峰学院学报(自然版)，2017 (20)：180-182.

程和认知特征。同时，学习者作为数字教材的用户，其对内容的偏好也必然会影响数字教材的内容选择。

（一）选取数字教材脚手架

有研究者发现学习者认为在学习过程中最大的困难来自于学习材料，主要是缺乏指导帮助。① 教材需要为学习者提供更好的支持，从而帮助他们更好地掌握知识。② 因而，在内容选择过程中，除了选择学习者需要学习的目标知识，还需要选取帮助他们学习目标知识的内容，即选取"脚手架"或"支架"（Scaffolding）。

"脚手架"这一术语来源于建筑行业，是指在建造房屋时给工人提供的暂时性支持。布鲁纳（J. S. Bruner）最早将这个隐喻应用在教学领域，③ 其含义在不断拓展后，目前较为广泛的理解是指所有提供给学习者的指导。④ 维果茨基认为学习者在跨越"最近发展区"的过程中离不开来脚手架的辅助和指导作用，如图 3-5 所示。搭建"脚手架"就是根据学生的学习需要适时地提供指导和帮助。⑤ 教材中的脚手架是学习者已有知识和需掌握知识之间的桥梁，有助于减少学习者的失误、引导他们完成独自无法完成的任务，深化他们对知识的理解等。⑥ 总的来说，脚手架就是帮助学习者建立新知

---

① 尹可丽. 开放教育学习者学习心理的调查研究[J]. 开放教育研究，2003（2）：35.

② 李娅. 模拟对话式远程教材的设计探讨[J]. 江苏广播电视大学学报，2005（1）：29.

③ 莫芮. 论教学设计的脚手架[J]. 教育科学论坛，2015（17）：5-8.

④ Fraser K L，Ayres P，Sweller J. Cognitive load theory for the design of medical simulations[J]. Simulation in Healthcare：The Journal of the Society for Simulation in Healthcare，2015，10（5）：295-307.

⑤ 黎加厚. 信息化课程设计：MOODLE 信息化学习环境的创设[M]. 上海：华东师范大学出版社，2007.

⑥ Catherine M，刘盈. 网络学习环境设计的十个要素[J]. 开放教育研究，2003（4）：32.

能各因素之间、新知识与旧知识之间的有意义联系。①

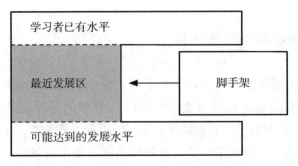

图 3-5 脚手架帮助学习者跨越最近发展区

数字教材的媒介使用与传统教材大相径庭，例如数字教材愈发能够模拟和再现真实的学习环境，这种复杂环境在一定程度上增加了教材的复杂度，因此数字教材脚手架的选取也应更具有针对性。而本部分也将在认知负荷理论的基础上重点讨论这一问题。维果茨基等提出选取脚手架应当从三个方面出发，分别是评估学习表现、选择学习活动、提供教学支持。② 数字教材能够评估学习者的既有水平，有利于对相应知识的选择，前文已经进行了细致的讨论，因此本部分的重点放在学习任务和教学支持性材料这两个方面，探讨数字教材中脚手架材料的选择。

教学支持材料是指学习者需要学习的目标知识之外的，辅助性的内容和信息。数字教材在进行内容组织的过程中，需要面对的一个重要问题就是，应该选择什么样的教学支持性材料、应该选择多少材料，才能为学习者带来最好的学习效果。一方面，过多的教学

---

① Wetzels S, Kester L, Van Merriënboer J. Adapting prior knowledge activation: Mobilisation, perspective taking, and learners' prior knowledge [J]. Computers in Human Behavior, 2011, 27(1): 16-21.

② 顾明远, 孟繁华. 国际教育新理念[M]. 海口: 海南出版社, 2003: 344-347.

帮助会导致较低的学习成果、无聊感和消极情绪，因为学生自己没有什么事可做。另一方面，当学生不知道该做什么时，指导太少可能会导致学习过程效率低下和士气低落。支持性材料为学生提供帮助，从而平衡教材的支持性和挑战性，被称为"支持困境（Assistance Dilemma）"①。由此，我们在认知负荷理论视角下，对数字教材进行了研究。

此外，除了教学知识材料，学习活动也是教材脚手架的重要组成部分，② 区别于教材正文中的知识内容，学习活动强调学习者参与的主动性，往往在课程结尾出现，要求学习者以某种方式应用所学知识。③ 学习活动通过创设情境，引导学习者自主学习，④ 同时输出、检验和应用已学知识，涵盖了"练习测验""思考探究""表达""记忆和背诵"等任务。通过引导学习者对学习内容进行分析、归纳、比较、质疑等活动，有利于其习得知识，加深理解，提高能力。学习活动是否合理对于学习者内化知识的效率有着重要的影响。数字教材由于发展时间短，在学习活动的设置上没有给予足够的重视，⑤ 倾向于直接采用传统教材的学习活动设计，但数字教材的学习环境与传统教材差异巨大，这种沿用必然会出现诸多问题。

由此，根据上面两个方面，本部分分析了数字教材中两种常见的支持性材料及其应用，分别是诱人细节（Seductive Details）和背景知识（Background Knowledge）；又从"自由目标效应"和"自我解释

①　Koedinger K R, Aleven V. Exploring the assistance dilemma in experiments with cognitive tutors［J］. Educational Psychology Review, 2007, 19（3）：239-264.

②　郑桂华. 统编本初中语文教材学习活动设计研究［J］. 语文建设, 2018（13）：4-8.

③　王颖. 教科书中学生活动设计的概念、分类及功能分析［J］. 中学生物学. 2016（9）：66-68.

④　厉复东. 活动化教材"语文学习活动"浅说［J］. 现代语文（教学研究版）, 2010（6）：148-150.

⑤　马志强. Moodle 课程学习活动设计研究现状评述［J］. 电化教育研究, 2010（10）：103-106.

与自我想象效应"这两个认知负荷效应出发，提出数字教材在学习活动选择上应避免的问题和应选择的活动类型。

（1）诱人细节

"诱人细节（Seductive Details）"一词最初是由加纳（Garner）等提出的，① 指的是在文本中添加额外的、非冗余的（可被独立理解的）、有趣但无关紧要的信息，② 也有学者称其为感性材料。③ 诱人细节需要符合下列两个必要条件：（a）材料是有趣的；（b）为学习目标无关的材料提供额外的信息完成一节课的学习目标。④ 根据情感兴趣理论（Emotional Interest Theory）⑤添加这类内容可能有利于学习者更具学习活力和兴趣。但有许多研究指出，此类信息会使学习者的知识保留能力、理解能力和相关信息处理能力方面都有所下降，⑥⑦ 认知负荷理论又将这种负面影响称之为诱人细节效应

---

① Garner R, Gillingham M G, White C S. Effects of "seductive details" on macroprocessing and microprocessing in adults and children [J]. Cognition and Instruction, 1989, 6(1): 41-57.

② Korbach A, Brünken, R, Park B. Learner characteristics and information processing in multimedia learning: A moderated mediation of the seductive details effect[J]. Learning and Individual Differences, 2016(51): 59-68.

③ 刘进. 博弈论视角下高中数学教材内容要素的选择[J]. 教育理论与实践, 2018, 38(20): 36-39.

④ Lehman S, Schraw G, Mccrudden M T, et al. Processing and recall of seductive details in scientific text[J]. Contemporary Educational Psychology, 2007, 32(4): 569-587.

⑤ Kintsch W. Learning from text, levels of comprehension, or: Why anyone would read a story anyway[J]. Poetics, 1980, 9(1): 87-98.

⑥ Park B, Moreno R, Seufert T, et al. Does cognitive load moderate the seductive details effect? A multimedia study[J]. Computers in Human Behavior, 2011, 27(1): 5-10.

⑦ Gardner A K, Clanton J, Jabbour I I, et al. Impact of seductive details on the acquisition and transfer of laparoscopic suturing skills: Emotionally interesting or cognitively taxing? [J]. Surgery, 2016, 160(3): 580-585.

（Seductive Details Effect）。①

数字教材为了提高学习者的参与度、吸引学习者的兴趣，频繁地在目标学习知识之外添加这些有趣的信息，例如冒险故事、人物设定、趣闻轶事、互动信息等，从而让数字教材整体呈现出一种内容泛娱乐化的趋势。比较有代表性的诱人内容有来自各类娱乐文化产品的内容（包括电影、小说）以及当前热门话题和流行内容。如某化学学科数字教材的七年级课程第一章"走进化学世界"使用了大量诱人细节。第一节"化学使世界变得更加绚丽"的目标知识是学习化学研究的主要内容和范畴，但大量介绍了炼金术的历史和趣闻，第二节"物质的变化和性质"的目标知识是学习化学变化的概念和内涵，教材视频则大量介绍了电影《火星救援》。首先，由于这些课程面对的是化学的初学者，他们的工作记忆一次只能处理和吸收有限的内容，这些大量有趣信息带来了大量不相关的元素，不断干扰学习者的注意力。学习者被迫在有限的工作记忆中超负荷地进行处理，从而挤占了本应处理目标知识的认知资源。其次，由于这些不相关信息的参与，可能会对知识结构形成干扰，当学习者试图回忆或巩固这些知识时，诱人细节会阻碍学习者形成与目标知识相关的图式。② 例如当学习者回忆化学学科研究范畴时，可能会与炼金术的知识造成混淆，且在梳理知识结构时需要付出额外的认知资源将诱人细节与目标知识区分开来。

然而，我们也不能忽略诱人细节的激励作用。当学习者先前水平较高，或学习任务复杂性较低，需要消耗的认知努力较少时，学习者容易陷入倦怠和动力不足的情况。此时，添加诱人细节不太会产生负面影响，对学习者反而可以增强兴趣、增加情感投入以及提

---

① Mayer R E, Griffith E, Jurkowitz I T N, et al. Increased interestingness of extraneous details in a multimedia science presentation leads to decreased learning. [J]. Journal of Experimental Psychology：Applied，2008，14(4)：329-339.

② Harp S F, Mayer R E. How seductive details do their damage：A theory of cognitive interest in science learning[J]. Journal of Educational Psychology，1998，90(3)：414-434.

高动机水平。① 情感和动机因素可以通过增加或减少学习者投入学习任务中的认知资源来调节学习。② 因此，在低负荷学习过程中，诱人细节的趣味性可以提升学生的认知参与，即增加了认知资源的投入，从而优化了学生有限的工作记忆资源。

总的来说，只有在低认知负荷的情况下，诱人细节才能产生有益的学习效果。因而对于针对初学者的数字教材来说，在添加诱人细节时应该更加谨慎，尽量减少或不添加诱人细节。

（2）背景知识

背景知识也被称为引导信息，与目标学习知识紧密相关。③ 在教材中添加背景知识的作用是引出学习者的先前相关知识或经验，从而帮助其在已有知识和新知之间建立联系。

例如在某数学数字教材中，对"双曲线"的学习内容进行组织时，使用学习者先前学过的"椭圆"内容作为背景知识。在这里，背景知识也是旧知识和新知识重叠的部分，也是学习者的先前知识。通过介绍椭圆的相关内容，唤起学习者保存在长期记忆中的关于椭圆的图式来理解双曲线。从而降低了学习新知识中需要处理的元素复杂性，起到了降低学习材料内在认知负荷的作用。但同时需要注意的是背景知识的相关性问题，一些背景知识虽然与目标知识相关，但关联性并不强，不足以成为理解新知识的元素。那么这种情况反而会增加学习者对无关因素的认知处理，增加学习材料的内在认知负荷。

因而，虽然背景知识在对概念知识的学习和掌握中有良好的应

① Moreno R. Optimising learning from animations by minimising cognitive load：Cognitive and affective consequences of signalling and segmentation methods ［J］. Applied Cognitive Psychology，2010，21(6)：765-781.

② Moreno R. Learning from animated classroom exemplars：The case for guiding student teachers' observations with metacognitive prompts［J］. Educational Research & Evaluation，2009，15(5)：487-501.

③ 黄莉. 初中数学教学中"支架式"教学模式应用初探［J］. 中国校外教育，2018(10)：88，90.

用，有利于激活学习者先前的知识，参与认知处理，降低认知负荷。同时还能帮助学习者在新旧知识间建立联系，促进图式形成。但在数字教材学习活动选择中需要控制添加数量以及背景知识的相关性，避免形成冗余，不利于学习者的学习效率。

（3）自由目标活动

传统的学习活动一般都给学习者设置了单一的、具体的目标，例如在进行几何角度计算时要求学习者计算一个特定角度的大小。而认知负荷理论则提出在非特定目标的活动下，将计算特定角度的任务替换为让学习者计算尽可能多的角度或大小的任务，学习者的认知负荷更低，学习表现更好，这种效应被称为自由目标效应（Goal-Free Effect）。这是因为当初学者面临一个特定问题时，他们会倾向于使用手段—目标的低效方式来解决问题，而通过创设一个没有特定目标的任务，学习者不受制于将当前状态与既定目标联系起来的压力支配，而只关注问题当前的状态，以及如何达到其他状态，由于需要考虑的元素复杂性降低了，所以学习者的认知负荷也随之降低，从而促进学习效果的提高。

目前，数字教材在学习活动的目标设定上偏向于两个极端，即一方面任务目标极度特定化，目标单一指向性明显，另一方面任务目标极度自由化，甚至缺乏方向性的目标。

目标特定化的情况主要是由于数字教材在学习者任务完成情况进行评判时主要依赖于计算机判定，容错率较低，导致缺乏灵活度。从而造成活动目标的特定指向性。例如语言学习数字教材《博树》（*busuu*），其中一个学习活动是让初学者写出一个"hello"的同义替代词，虽然在问题陈述上使用的是自由目标的口吻，但该任务的实际目的是让学习者答出指定答案"hi"，回答其他答案，例如"hey"则会被判定为错误。

另一种情况则是将学习者置身于完全没有特定目标的复杂场景。由于数字教材的媒体多样性，特别是游戏化的特征，这种完全自由的活动目标可能会让学习者丧失对学习的专注，转而将教材用于娱乐目的。① 例如天文物理教材《太空》，学习者置身于宇宙当中，可以自由创造行星、星云、彗星甚至黑洞。教材则通过真实的物理引擎来实时计算受力和运动轨迹，学习者在这个过程中学习天文知识。但该教材没有特定目标，即学习者可以从零开始指向任何可能的状态。在这种情况下，学习者的学习效果和学习体验会受到多方影响。② 一方面，当学习者学习动机不足时，其探索、操作欲望也较低，从而对知识的掌握也较差，另一方面，学习者由于缺乏明确方向而做出不必要的决策努力，在一定程度上增加了外在认知负荷。③ 这类教材多集中在天文、物理、化学等需要大量实验参与的学科。这些没有明确目标的教材可能会导致一种没那么正式的学习体验，更像是一种工具或玩具。虽然这类教材对初学者没有吸引力，④ 但对于有经验的学习者可能很有帮助，有利于其将经验转化成知识的延展学习。

综上，设定特定的单一目标会增加学习者的认知负荷，数字教材可以通过扩充答案库、采用真人指导者对学习者活动进行评判等方式来增加学习活动的目标自由度。同时，数字教材也需要避免完全没有方向目标的情况，特别是在模拟教育环境或游戏教育环境中，为学习者提供一个前进方向和挑战对于降低初学者的外在认知负荷是具有重要意义的。

（4）自我解释和自我想象活动

学习者在学习和理解了一个概念或一个过程后，并不意味着他们就"掌握"了该知识，他们还需要刻意练习才能在各种条件下灵

① Frank A. Gaming the game： A study of the gamer mode in educational wargaming[J]. Simulation & Gaming, 2012(43)：118-132.

② Nebel S, Schneider S, Schledjewsk J, Rey G D. Goal-Setting in educational video games：Comparing goal-setting theory and the goal-free effect[J]. Simulation & Gaming 2017, 48(1)：98-130.

③ Patall E A. Constructing motivation through choice, interest, and interestingness. [J]. Journal of Educational Psychology, 2012, 105(2)：522-534.

④ Trefry G. Casual game design[M]. Burlington, MA：Elsevier, 2010.

活运用。刻意练习是有意提高某一特定技能的表现，认知负荷理论认为，通过引导学习者想象某一过程或概念，以及引导学习者对某个知识进行自我解释，都是一种有意识的练习，可以通过在工作记忆中的信息处理强化长期记忆中的图式，增加学习者的经验。自我解释是指学习者在学习知识时的心理对话，帮助自己理解知识并从中建立一个图式。① 自我解释要求学习者建立知识元素间的互动关系，并与之前的知识相联系。自我想象与自我解释紧密相关，因为自我解释通常也包括想象的过程。

许多数字教材都使用了引导学习者自我解释和自我想象的活动设置，例如《英语课代表》要求学习者对所学知识进行回忆默写，台湾地区小学自然科学数字教材则要求学习者在学习后，自行组织概念，并画概念图（Concept Map）进行自我解释。② Memorado 让学习者先对知识进行学习和记忆，并立刻要求学习者进行想象回忆并在此基础上解决问题，更为直接地锻炼了学习者的记忆能力。

指导学习者想象的自我解释一个先前学习过的知识，比再次学习相同的知识产生的学习效果更好。③ 然而这也对学习者提出了要求，即学习者必须首先学习和获取了相应的知识才有能力进行想象和自我解释。为了想象和解释一个过程或概念，学习者必须能够在工作记忆中处理这个过程或概念。对于初学者来说，交互元素的数量可能会超过工作记忆容量，想象和解释一个过程或概念可能是困难或不可能的。

因此，自我想象和自我解释的学习活动对知识贫乏的学生没有帮助，它会带来沉重的工作记忆负荷，初学者仍然应该以传统材料

① Clark R C, Nguyen F, Sweller J. Efficiency in learning: Evidence-based guidelines to manage cognitive load[J]. Performance Improvement, 2007, 10(3): 325-326.

② Hwang G J, Wu P H, Ke H R. An interactive concept map approach to supporting mobile learning activities for natural science courses[J]. Computers & Education, 2011, 57(4): 2272-2280.

③ Cooper G, Tindall-Ford S, Chandler P, et al. Learning by imagining[J]. Journal of Experimental Psychology. Applied, 2001, 7(1): 68-82.

学习过程为主导。而当学习者的专业知识水平提高，更有经验的学习者已经在长期记忆中储存了足够的与任务相关的知识，那么这时材料学习应当被想象和解释所取代。

(二) 增强内容选择的交互性

随着大数据、云计算技术的发展，学习环境已经向智慧化学习环境转变。数字教材的内容定制化特征越来越引起人们的重视。这就要求数字教材内容选择能够具有交互性，从而适应用户个人的先验知识和兴趣。其中，数字教材内容组织的交互性是指其内容能够被再选择、再组织的自由度，由完全封闭到完全开放可以分为三个类别（表 3-4）。

表 3-4　数字教材内容交互性类型

内容开放性	特征	数字教材类型
封闭性	内容和顺序已经固定封装，用户无法更改	电子文档（PDF、网页、Word）； 电子书（EPUB、AZW）； 单一多媒体文件（动画、视频、音频）等
半开放	内容库预先设定（预开发），但用户可以选择其中部分内容或调整顺序	智能学习软件、教育应用（自适应学习软件、智适应学习软件）等
全开放	用户可以自行选取来自外界的内容，也可以自己创造内容，完全自定义	开放学习管理系统（Moodle、eCollege、Sakai）； 开放学习资源站点（College Open Textbooks、California Free Digital Textbooks Initiative）； 网络百科（维基百科、百度百科）等

封闭性是属于第一代电子数字教材的典型特征,① 这类教材最为常见,数量也比较多,其内容通常是固定的。就电子文档来说,它们通常沿用了传统教材的内容组织体系,且在很大程度上模仿和还原了用户对传统教材的使用习惯(例如,模仿纸质书的翻页形式),② 并在此基础上开发了新的阅读功能。③ 虽然有利于储存和传播,但其目前还无法完美还原纸质教材的优势(手感、使用自由度等),又具有一些纸质教材没有的缺点(例如长时间阅读造成的眼疲劳),这种形式上的不友好往往会给学习者带来比纸质教材更大的认知负荷。从而无法提高教学有效性,在促进学习者理解知识方面也无优势。④ 总的来说,封闭式的数字教材仅能最大限度地发挥教材的阅读功能,知识内容无法改变,呈现顺序也是固定的,对于促进学习者学习没有突出的表现。

具有半开放性的数字教材充分利用了数字教材容量大的优势,将大量内容预先储存于教材中,但其可以根据用户偏好或用户选择为其定制特定内容和学习顺序。这类教材通常是智能学习软件或教育 APP。以某英语单词学习 APP 为例,该 APP 聚焦于英语初学者,学习者进入界面时可从 38 个主题单词集中选择自己感兴趣的主题,例如朋友、工作、情感、购物等,然后学习者可开始测试或选择自己想要学习的难度(初学者、基础级、中级、中上等、高级)和每日学习的知识数量(每日学 4、8、12 个单词),甚至在每日学习计划中,仍然可以再次进行挑选。通过学习者通过从单词库中挑选自己想学的单词,从而匹配学习者的先验知识,将学习材料

① Pata K, Eradze M, Laanpere M. E-textbooks: Towards the new socio-technical regime[J]. 2014, 8699: 226-235.

② Huang R, Chen N S, Kang M, et al. The roles of electronic books in the transformation of learning and instruction [C]// 2013 IEEE 13th International Conference on Advanced Learning Technologies. IEEE, 2013. 516-518.

③ Daniel D B, Woody W D. E-textbooks at what cost? Performance and use of electronic vs. print texts[J]. Computers & Education, 2013, 62: 18-23.

④ Koper R. An introduction to learning design[J]. Learning design, 2005: 3-20.

的认知负荷保持在一个合理的范围内，形成了个性化的单词教材。虽然相较于封闭式数字教材提高了交互性，增强了学习设计功能，但这类教材的问题是仍然存在一定封闭性，学习者的选择是有限的，很难做到完全为学习者量身订制，支持差异化教学的程度有限。

具有全开放性的数字教材允许用户在开放许可下参与在线访问、修改和编写，其知识内容的选择完全由用户共同决定。而这种特性也使得这类数字教材通常会基于和属于开放教育资源（OER）的范畴。但与一般的 OER 相比，开放式数字教材更具有系统性、结构性和完整性，而前者往往是分散的资源。Yuen 等人列举了一些 OER 开放式数字教材的实例，如表 3-5 所示。①

表 3-5 OER 开放数字教材实例

名称	描述
College Open Textbooks	包含几百本数字教材，教师作为教材设计者，并对开放教材进行同行评议以提高质量
Connexions	由一个教育内容储存库和一个内容管理系统组成，拥有数学、科学、历史、英语、心理学、社会学等学科的学习对象和模块 1.9 万余个
CK-12 FlexBooks	CK-12 采用了一种名为"FlexBook"的协作模式，为高中生开发数字教材
Flat World Knowledge	自称是世界上最大的免费开放大学教科书出版商

① Yuen K S, Chow L, Cheung S K S, et al. Overcoming copyright hurdles in the development of learning materials in the digital era [C]// International Conference on Ict in Teaching & Learning. Springer Berlin Heidelberg, 2012.

在开放许可下，指导者和学习者可以通过编写新内容、删除不需要的内容来调整并适应相应的学习场景。就像乐高积木一样，这些知识内容可以反复修订、重用、混合和个性化定制，交付格式也由用户自己确定。这种数字教材可以在极高程度上满足个性化需求，通过合理的内容选择，可以将内容本身带来的认知负荷控制在最佳范围。这种数字教材的编写靠的是用户手动选择，用户虽然清楚自己的需求，却缺乏相应的教材编写能力和经验，且学习材料本身也存在良莠不齐的问题，因而这类数字教材质量很难保证，可能反而会由于内容的不恰当而增加学习者的外在认知负荷。

（三）基于场景进行内容适配

在移动网互联语境下，场景（Context）是一个以人为中心的包含诸多要素的复合概念，是基于空间和基于行为与心理的环境氛围，以人为中心的所有体验细节，人与周围景物关系的总和等。社会心理学家库尔特·勒温（Kurt Lewin）认为人的行为（Behavior）是个体要素（Person）与其所处环境要素（Environment）的函数（function），即 $B=f(PE)$①。也就是说，人的行为受到人自身、人所处环境（包括物理环境和心理环境）以及人与环境交互关系（P-E）的影响。同时，胡正荣（2015）②、赵振（2015）③、吴声（2015）④、武法提等（2018）⑤通过对场景的分析，认为时间也是构成场景的

① Stern P C. Psychology and the science of human-environment interactions [J]. American Psychologist, 2000 (55): 523-530.

② 胡正荣. 移动互联时代传统媒体的融合战略[J]. 传媒评论, 2015 (4): 47-50.

③ 赵振. "互联网+"跨界经营：创造性破坏视角[J]. 中国工业经济, 2015(10): 146-160.

④ 吴声. 场景革命：重构人与商业的连接[M]. 北京：机械工业出版社. 2015: 31

⑤ 武法提，黄石华，殷宝媛. 场景化：学习服务设计的新思路[J]. 电化教育研究, 2018, 39(12): 63-69.

一个关键要素。由此，本书认为场景的构成要素主要包含四个方面，分别是用户要素、环境要素、事件要素和时间要素，他们之间相互影响、相互制约，如图 3-6 所示。①

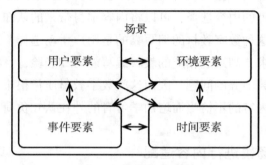

图 3-6　场景构成要素

（1）原型场景与用户感知场景

场景构成要素相互联系、相互制约，共同影响场景中的用户需求和行为，因而每类要素都十分重要。但对于用户来说，它们的重要性又是不同的。由于单个用户的意识容量有限，在一个场景中，一些要素对于用户需求和行为的影响很大，影响方式也比较直接，一些影响则很小或影响方式较为间接。特克斯勒消逝效应（Troxler Fading）表明，人对于外界的感知是主观的，当外界的客观刺激保持不变时，人的感觉系统对其的处理却一直处在变动之中。例如，当一个人在喧闹的地铁上时，他可能会注意到喧闹的声音和拥挤的人群，但当他全神贯注地玩手机时，地铁里的景物和声音都变得模糊，甚至连自己坐过站都可能意识不到。究其原因，在于人类的意识容量十分有限，意识在特定时间内只能被一样事物占据，而当这样事物占据意识的时候，外界的其他事物都会被大脑选择性过滤，

---

①　王钰. 场景视域下的移动端数字教材开发研究［J］. 出版科学，2020，28（5）：44-52.

休眠于无意识状态中。但这些进入无意识的信息同样会被大脑进行加工处理，并影响用户对环境的感知。也就是说，尽管人类对外界的感知来自意识和无意识两个方面，但两者的作用方式和功能是不同的。在生活中，大量的刺激源源不断地到达我们的感受器官，这会激发无意识的自动处理，这种处理将来自外界的无序信息根据当前目标的相关性进行分类，而其中相关性最高的信息则会进入意识。可以这么说，无意识的功能是对信息进行统计，而意识的功能则是对信息进行抽样。通过抽样，意识可以消除无意识所产生的错综复杂的直觉，从而消除我们对环境感知的歧义，获得一个最简化的理性观点，一个我们对当前环境的最佳总结，之后这个总结会传递至我们的决策系统，并为大脑的语言系统、记忆、意图和计划等其他过程所运用，影响我们的记忆、心理和行为。①

因此，当用户感知一个场景时，尽管所有场景要素都会进入用户的无意识进行处理，但一定时间内只会有一个或一组相关联的要素被意识抽样，并形成用户对该场景的定义，决定这个场景的核心意义。

本书将用户意识抽样前的场景称为原型场景（Protocontext），将用户意识抽样后的场景称为用户感知场景（Perceptioncontext）。原型场景是客观的，它不以用户的主观意志为转移。在原型场景中，用户、环境、事件、时间等所有的要素都并列存在，而用户一旦开始对场景的感知，就会对这些要素进行无意识的分类、筛选和排列，最后根据其重要性或者与用户当前目标的相关程度分离出一个或一组相关要素进入意识（以环境要素为例，如图3-7所示），从而对原型场景进行塑造和定义，形成一个主观的、具体的用户场景。在用户感知场景中，只有一个或一组相关要素被用户判定与当前状态相关，它消除了我们对场景理解的歧义，获得了对当前场景的最简化的理解，并影响用户的心理、决策和行为。例如，当用户正要或正在与他人进行手机通话时，且意识被"打电话"这一事件

107

---

① 斯坦尼斯拉斯·迪昂. 脑与意识［M］. 杭州：浙江教育出版社，2018：94-103.

要素占据，那么不论环境、用户和时间要素如何变化，只要用户的意识没有转移，该用户对这个场景的定义都将以通话为中心，而其决策和行为也都将主要围绕这一要素展开。

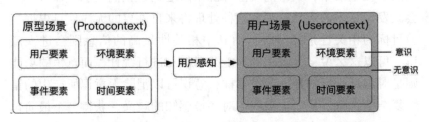

图 3-7　从原型场景到用户感知场景

（2）基于场景的数字教材知识适配框架

基于场景的服务逻辑简单来说就是"场景识别—服务适配"。通过上述对用户感知视角下场景概念的解构，以及对"原型场景"和"用户场景"概念的梳理和分析，本书认为教育出版知识服务要实现精准的场景化服务具体包含 4 个步骤，分别是原型场景识别、用户场景发现、用户需求理解以及知识服务适配。他们既相对独立，又紧密相连，共同形成一个闭环。从层次上看，这 4 个步骤又可以被分为 3 个层次，分别是基础层、分析层和服务层，如图 3-8 所示。

原型场景识别是教育出版场景化知识服务的第 1 步，包括对用户要素、环境要素、时间要素和事件要素的综合识别，目的在于为特定知识服务产品构建一个可重用的场景数据模型，给后续的分析和服务提供基础，因而其在框架中位于基础层。原型场景识别的实现路径主要包括对要素范围和内容的选择以及对多源异构数据的采集和处理。

第 2 步用户场景发现和第 3 步用户需求理解都属于分析层。其中，用户场景发现是指挖掘用户对于场景的感知和定义，目的在于判断场景要素之间的关系，以及它们对于用户需求影响的权重（中

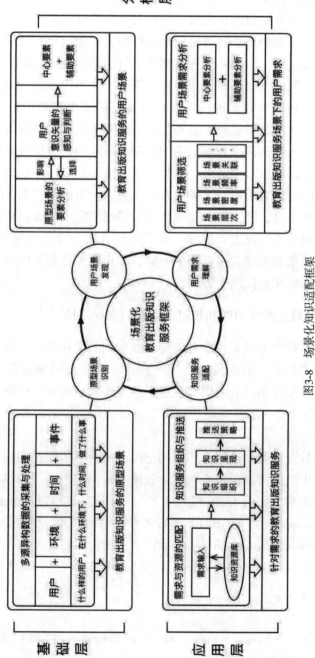

图3-8 场景化知识适配框架

心要素和辅助要素），从而为用户需求分析提供更坚实的依据，也有利于更全面地挖掘用户需求，包括显性和隐性需求。其实现路径主要包括分析原型场景要素对用户的影响，感知用户对原型场景要素的意识矢量等。用户需求理解环节的目的是为教育出版知识服务的开展提供明确方向。通过用户场景筛选，对用户场景的关联、层次、密度、频度等方面进行考察或计算，筛选出有价值的用户场景，并对这些用户场景的中心要素和辅助要素进行综合分析，可以实现对教育出版知识服务场景中用户需求更准确、更细致的理解。

第4步是知识服务适配，它是建立在前面两个层面基础上的应用层。目的是针对用户当下的需求，实现教育出版知识服务的合理组织和精准推送。其实现路径主要包括将用户需求与知识资源库进行匹配、对知识资源进行组织、确定呈现方式、选择推送策略等。根据匹配策略和推送策略选择的不同，知识服务适配可以分为标准化适配和个性化适配两个方向。

（3）场景化教育出版知识服务框架的实现路径

第一是教育出版知识服务原型场景识别的实现路径。用户在教育出版知识服务当中的角色是"学习者"，其主要目标是学习知识以实现自我发展和提升。因而在进行原型场景识别时，应重点选择4大类场景要素中那些对用户知识学习影响较为显著的要素，并进行采集和处理。

由于教育出版知识服务用户的学习者身份，因而在用户要素方面，教育出版商可基于已有的，由权威机构制定的学习者模型和规范来进行识别。如由 IEEE 学习者模型工作组（IEEE Learner Model Working Group）开发的"PAPI 学习者公共和私人信息标准（Public And Private Information for Learners）"①，或由 IMS 全球学习联盟（IMS Global Learning Consortium）开发的"IMS 学习者信息包标准

---

① IEEE Learning Technology Standards Committee（LTSC）［EB/OL］.［2020-06-01］. http://ltsc.ieee.org/.

（IMS Learner Information Package）"①等。以 IMS-LIP 标准为例，该标准可以在学习管理系统，人力资源系统、学习者信息系统、知识管理系统，以及学习过程中的其他系统之间进行安全的共享和交换，具有较强的可扩展性和适用性。其基于一个数据模型描述学习者特征，主要包含用户人口统计信息（年龄、性别等）、目标信息（娱乐、职业等）、活动信息（用户参与的与学习相关的活动）、兴趣信息（用户的爱好）、能力信息（先前知识、技能和能力等）、隶属信息（用户的社会关系）、资格信息（认证和许可）、访问偏好（如认知偏好、技术偏好、身体偏好）等，从而记录和管理学习相关的历史和目标，吸引学习者进行学习，为学习者发现学习机会。在环境要素方面，教育出版知识服务场景的环境要素主要包括地理环境（如国家、城市、图书馆）、物理环境（如天气、温度、光线）、社会环境（如社交、语言、流行）、设备环境（如智能手机、台式电脑）等。事件要素包含用户与知识相关交互行为，例如知识搜索、知识浏览、知识问答、知识应用等。而根据学者们对教学时间的研究，② 教育出版知识服务的时间要素可以分为分配时间（或所给时间）、教学时间、主动学习时间、成功学习时间和失控时间（表3-6）。

表 3-6　教育出版知识服务原型场景要素

场景要素类型	教育出版知识服务的原型场景要素
用户要素	人口统计、目标、活动、兴趣、能力、隶属、资格、访问偏好等
环境要素	地理环境、物理环境、社会环境、设备环境等

---

① IMS Learner Information Packaging Information Model Specification Final Specification Version 1.0.［EB/OL］.［2020-06-01］. https://www.imsglobal.org/profiles/lipinfo01.html#1.1.2

② 盛群力，吴文胜. 教学时间研究模式及其特点［J］. 课程·教材·教法，2002（10）：18-23.

续表

场景要素类型	教育出版知识服务的原型场景要素
事件要素	知识搜索、知识浏览、知识交流、知识问答、知识应用等
时间要素	分配时间、教学时间、主动学习时间、成功学习时间、失控时间等

在确定了场景要素范围后，借助智能感知设备、大数据技术、社交媒体等，通过直接采集和间接采集相结合的方式，对表示这些要素的相关数据进行主动监测和采集。并采用规范化的数据格式，将这些多源异构的数据转换成可以被计算机识别的标准化数据。

第二是教育出版知识服务用户场景发现的实现路径。通过监测和分析原型场景要素及其变化，教育出版商可以从类型和层次两个方面发现和挖掘用户场景。从类型上来说，由于教育出版知识服务场景主要包含4类要素，因而也可以将用户对场景要素的意识抽样分为4个方向，形成以用户要素为中心、以环境要素为中心、以事件要素为中心以及以时间要素为中心的4类用户场景。例如，教育出版商通过对某个用户的知识搜索内容和频率进行分析，发现其对英语学习产生浓厚兴趣，在特定时段内，该用户的意识被英语学习兴趣这一用户要素占据，从而形成了以兴趣为中心要素的用户场景。这时，不论该用户处在什么环境（地铁、街道），在什么时间（早上、晚上），做了什么事（购物、社交），这个场景始终围绕用户要素也即用户的兴趣生成，其余场景要素对这一"兴趣场景"进行修饰，共同形成一个具体实例，如"一个对英语学习感兴趣的用户在超市购物"。在这个具体场景中，该用户从兴趣出发可能会驻足查阅进口商品的英语标签，选择与外籍导购攀谈，或选择音频英语教材进行非正式地学习。而当用户的意识转移，如转向"饥饿"这样的要素时，用户场景就变为"一个饥饿的用户在超市购物"，尽管场景要素都是相同的，但由于中心要素不同，形成了完全不同的用户场景，兴趣要素退回到无意识中，与其他场景要素一起围绕"饥饿"要素描述场景并影响用户的行为。

112

同时，场景要素是有层次的，例如环境要素包括书桌、家、社区、城市、国家、全球等，家庭环境要素比较微观，而城市或国家环境要素则比较宏观。根据用户所意识到的不同层次的场景要素，用户场景也呈现出不同的层次，并层层嵌套。譬如 2020 年年初，新型冠状病毒肺炎疫情首先在湖北暴发，人们关注湖北的疫情环境，相关信息和知识服务也将重点放在湖北的疫情信息上；随着疫情在全国蔓延，人们转向关注周遭的疫情环境，包括自己所在的省、市、社区，也相继出现了本地化的疫情信息和知识服务；而当国内疫情恢复平稳，国外疫情爆发之后，人们的意识又转向关注国际疫情发展。在疫情发展过程中出现了多层次的以环境要素为中心的用户场景，知识服务也围绕着不同层次的场景展开。另外，随着技术的发展，场景要素的层次越发丰富，如互联网技术让一些环境要素突破地域的限制，这为形成新的用户场景以及产生新的用户需求创造了空间。

第三是教育出版知识服务场景中用户需求理解的实现路径。实现教育出版知识服务场景中用户需求的理解，还需要对前面发现的用户场景进行进一步筛选，可通过时空聚类算法、频繁序列挖掘算法、分层聚类算法等挖掘出相关性强、价值度高的用户场景，并以中心要素为主、其他要素为辅进行用户需求的分析。举例来说，以碎片化时间为中心要素的用户场景是教育出版知识服务的高频和热点用户场景之一。著名心理学家埃里克·伯恩（EricBerne）曾指出："人类永恒的问题是如何安排其醒觉的时间。"①换句话说，当用户意识到自己有一个短暂的空白时间时，就需要对其进行结构化处理，最常见的就是制定一个规划来安排时间。由此，许多教育出版知识服务产品针对碎片化时间的结构化需求提供相应的服务，如移动教材《十分钟英语》《7 分钟锻炼法》《每天 3 分钟轻松科学育儿》《核桃 Live-碎片学习》《知拾-知识碎片积累》等，通过设置微课、练

---

① Eric Berne, David Colacci. Games people play：The basic handbook of transactional analysis［J］. Publications of the Astronomical Society of the Pacific, 2011, 117(837)：1204-1222.

习、知识游戏等活动来满足用户对于碎片化时间的程式化（Programing）需求。而当中心场景要素是一个明确的学习目标时（如通过考试、考证等），用户对教育出版知识服务的需求就以功能性为主导，对知识服务的价值判断也将系于其对用户目标的支持程度。当中心场景要素是用户所处的环境，如亚文化社群时，其对于教育出版知识服务的需求则可能指向身份认同和自我呈现等方面。

尽管中心场景要素定义了用户场景，对用户需求和行为产生直接的影响，但其他退隐在无意识中的场景要素对于精准把握用户场景需求也十分重要。一方面，这些居于无意识的场景要素会对用户的行为产生间接影响，例如在一个以时间为中心的用户场景中，用户可以选择看一篇文章或听一段语音来程式化时间，但若用户处在一个嘈杂环境又没有耳机，那么语音内容就不适合当下的场景。另一方面，在一个原型场景中，用户的意识可能会转移并导致用户场景的变化。例如，一个用户在地铁中正聚精会神地玩手机，无意间发现不远处坐着自己认识的人，并开始考虑过去打招呼或攀谈。尽管原型场景没有变化，但用户的意识从事件要素转移到环境要素，场景需求也随之改变。

最后是教育出版知识服务适配的实现路径。教育出版知识服务适配是指在分析用户场景需求的基础上，匹配和推送与之相适应的知识服务。首先，教育出版商可针对用户需求，依据一定的匹配算法，从知识资源库中选取对应的知识资源。例如麦格劳—希尔（McGraw Hill）旗下的自适应教学平台 ALEKS 就在知识空间理论（Knowledge Space）基础上，通过人工智能技术，针对用户的学习进度进行自适应的知识资源匹配。其次是对知识资源进行组织，确定呈现细节，如《Star Walk》根据用户所处的地理坐标为其推送该位置能够观测到的星体信息和相关知识，并根据用户移动设备的移动方向进行增强呈现。最后，选取推送策略并进行即时推送，如《多邻国 Duolingo》在用户设定学习时间或习惯学习时间主动为用户推送学习内容。

一方面，教育出版商针对用户场景需求推送知识服务，另一方面，知识服务也成了新的场景要素，改变着原有的场景。一些知识服务产品采用 AR、VR 多媒体技术营造了虚拟的学习环境，调整和改变了原有场景中的环境要素，或通过知识的教学改变了用户的知识和认知水平，激发了其对新知识的求知欲望，改变了用户要素等。教育出版知识服务的推送在一定程度上重塑了原有的场景，进而也可能引发用户场景需求的改变。更进一步来说，教育出版知识服务在一定程度上具有场景建构的功能，并有可能基于一个初始学习需求培育和引导新的用户学习需求。因此，教育出版商首先需要加强场景入口的建设，通过广泛的链接来增加场景入口，如和硬件、社交媒体、公共设施等建立链接，增加用户进入知识服务的可能性。其次要增强知识服务场景建构的能力，教育出版商在设计知识服务时应充分利用数字媒体技术和注意力引导机制，科学合理地引导用户的意识矢量，不仅有利于用户学习效率和效果的提升，还能增强用户沉浸感，让用户"沉迷"于学习。

第四章　数字教材内容架构

　　结构是系统内诸要素间的内在秩序与有机联系，教材的内容结构反映了教材知识的逻辑顺序与学习者心理顺序相互制约的关系，其科学性与合理性直接影响数字教材的功能和学习效果。① 数字教材的内容结构主要指教材内容的展开方式，它受制于内容选择，也受到教材内容组织思路的影响。对数字教材中的内容进行架构是数字教材内容组织的一个重要环节，本章在相关课程标准和认知负荷理论的指导下，按照宏观教材结构、中观单元结构的以及微观课程结构这三个层次来明确知识之间的内在关系。

一、内容架构的层次与认知负荷效应

　　本部分对数字教材内容架构的层次进行了梳理，同时分析了与指导内容架构相关的认知负荷效应，为我们系统地分析数字教材的内容架构打下了基础。

(一)数字教材内容架构的层次

　　教材的内容结构有宏观、中观、微观三个层次，这种观点在教

---

① 谭移民. 基于课程标准的教材结构设计[J]. 职教论坛，2014（36）：75-78.

材和课程结构分析中早已有之,①② 宏观内容结构是整个教材内容结构的地基,对数字教材内容进行宏观架构时,必须以教材或课程的目标为基础,深入分析并准确把握宏观学习目标。而中观结构则在宏观结构的基础上,对宏观结构的进一步合理分解,通过单元体现出来。"单元"是每门数字教材编写的基本单位,③ 是为了使学习者的思维活动有一个段落而构成的内容的有机单位。④ 它包含的范围比整体教材内容少,又比一个课程包含的内容多,因而位于中观层面。微观结构是数字教材内容结构中的最小结构,也就是课程结构。与宏观和中观结构不同,关注和强调教材的功能目标,例如物理教材中的物理实验课,以体验式学法进行内容架构,培养学习者的观察、探究、思考和创造能力。

(二)指导内容架构的认知负荷效应

指导内容架构的相关认知负荷效应主要包括目标自由效应、指导渐隐效应,专家逆转效应、样例和问题完成效应,如表 4-1 所示。

表 4-1　与内容架构相关的认知负荷效应

认知负荷效应	描述	相关研究
元素互动效应(The Element Interactivity Effect)	元素交互性水平高的情况下其他认知负荷效应会更明显	Sweller and Chandler (1994); Kalyuga, Chandler and Sweller (2001); Leahy and Sweller (2008)等

① 钟启泉. 现代课程编制的若干问题[J]. 教育研究, 1989(5): 53-58.
② 郭晓明. 整体性课程结构观与优化课程结构的新思路[J]. 教育理论与实践, 2001(5): 38-42.
③ 王艳玲,熊梅. 个性化教学单元设计的实践探索[J]. 课程·教材·教法, 2014, 34(1): 56-60.
④ 钟启泉. 现代课程论[M]. 上海:上海教育出版社, 2009: 382.

续表

认知负荷效应	描述	相关研究
目标自由效应（The Goal-free Effect）	不设置具体目标，重点考虑问题当前状况的可能变化	Owen and Sweller（1985）；Ayres（1993）；Bobis，Sweller，and Cooper（1994）等
指导渐隐效应（The Guidance Fading Effect）	随着学习者专业水平的增加，指导的作用会越来越小	Renkl 和 Atkinson（2001）；Reisslein（2005）；Kester 和 Kirschner（2009）等
专家逆转效应（The Expertise Reversal Effect）	对初学者来说有用的信息，对专家来说可能是造成认知负担的冗余信息	Kalyuga，（2007）；Brunstein，Betts，and Anderson（2009）；Nuckles、Hubner、Dumer 和 Renkl（2010）等
样例和问题完成效应（The Worked Example and Problem Completion Effects）	对于初学者来说，学习样例比解决同等问题更有效	ZhuSimon（1987）；Atkinson et al.（2000）；Diao，Chandler，and Sweller（2007）；Oksa，Kalyuga 和 Chandler（2010）等

其中，目标自由效应或无目标效应是认知负荷理论框架内发现的第一个教学效应，Sweller（1988）研究发现在学习某一问题时如果有一个明确的特定目标，相比于没有特定目标而要求学习者尽可能实现多个目标，认知负荷会比较高。因为在有特定目标时，新手学习者倾向于使用手段—目标（Means-Ends）策略，[①] 而这种策略需要学习者同时考虑问题给定情况、目标、给定情况与目标之间的差异以及如何减少这些差异的解决方式，而这些元素的相互作用导致了较高的元素交互性，从而导致了较高的认知负荷，不利于有意义学

118

---

① Simon D P, Simon H A. Individual differences in solving physics problems [J]. Childrens Thinking What Develops，1978：325-348.

习的发生。①

样例效应的研究早于认知负荷理论形成之前。样例大多包含问题陈述和问题解决的过程两个部分。② 在认知负荷研究领域，样例效应是认知负荷效应中重要的效应之一，其教学效果也已被证明是非常稳健的。最早的样例效应研究在数学学习领域，通过样例的学习，学习者需要的时间更少，错误率更低。但数学属于知识结构良好的学科，许多学科例如语言、艺术领域存在一定"结构不良"的问题。在这些领域，样例学习的设置需要更复杂仔细的设计，否则就容易出现无效的情况。

专家逆转效应(The Expertise Reversal Effect)是冗余效应的一种类型，发生在对初学者有用的信息对那些更专业的学习者来说变得多余的时候。一系列研究调查和验证了逆转效应，例如 Kalyuga 等通过一组研究，③ 追踪了工程领域的初学者和专家的学习状态，在不同时间点测量学习者的表现和认知负荷水平，以观察教学方法有效性的变化。发现随着学习者专业知识的增加，在学习同样的学习材料出现了学习效果逆转的现象。随后的研究也提供了诸如写作、数学、语言、文学等其他学科领域的证据。④ 而根据专家逆转效应，又可以得出指导渐隐效应(The Guidance Fading Effect)，即提供的教学指导应随着学习者知识水平的变化而进行动态调整，有效构建从早期学习阶段的基于实例的教学到解决问题实践的转变过程，例如使用问题完成策略，随着学习者水平提高不断降低指导水

① Ayres P, Sweller J. Locus of difficulty in multistage mathematics problems [J]. The American Journal of Psychology, 1990(103): 167-193.

② Atkinson R K, Derry S J, Wortham R D. Learning from examples: Instructional principles from the worked examples research [J]. Review of Educational Research, 2000, 70(2): 181-214.

③ Kalyuga S. Expertise reversal effect and its implications for Learner-tailored instruction[J]. Educational Psychology Review, 2007, 19(4): 509-539.

④ Oksa A, Chandler K P. Expertise reversal effect in using explanatory notes for readers of Shakespearean text[J]. Instructional Science, 2010, 38(3): 217-236.

平等。

通过掌握内容架构的相关认知负荷效应，有利于我们在内容架构时更好地均衡认知负荷，提高学习效率。由此，本部分在相关认知负荷效应的指导下，从宏观、中观、微观三个层次展开进行具体的分析。

二、宏观内容架构

宏观内容结构是教材中最大的结构，是教材内容结构的骨架和地基，影响着教材中观和微观结构的建立，主要包括架构内容顺序结构和架构内容层次结构两种方式。

（一）顺序结构

根据认知理论，人类的心智是一种有序的信息流程，存在着以连续注意为特征的序列型认知方式。① 因此，顺序结构是符合人类认知方式的宏观教材结构之一，早在 20 世纪 40 年代，泰勒就提出了教材内容组织的连续性和顺序性原则。数字教材的顺序主要指教材中知识内容的纵向组织方式或呈现次序。②

（1）两种基本顺序关系

顺序结构中广泛存在着两种基本的顺序关系。第一是时序关系（Temporal Relation），这种关系是可逆的，是指一个学习项目在另一个学习项目之前，单纯的时间上的先后关系，而没有内在关联或内在关联较弱。第二是前提关系（Prerequisite Relation），这是一种不可逆的有向关系，这个关系相比于时序关系更加有意义，是指一

① 皮连生. 学与教的心理学（第五版）[M]. 上海：华东师范大学出版社，2009：48-91.

② 钟启泉. 课程论[M]. 北京：教育科学出版社，2007(18)：159-197.

个学习项是另一个学习项的先决条件。如果学习者没有完成先前的学习项目，那么可能无法理解后面的学习项目，例如学习者如不进行知识学习，很难通过测验。这种类型的顺序关系表明，一个学习项目先于另一个学习项目完成，能够以某种方式增加后续项目顺利完成的可能性。

数字教材若要构建良好的顺序结构，就需要建立合理的序列关系，消除不必要的关系以及避免错误的关系。

不必要的关系可能会限制学习项目之间可能的其他联系，导致结构缺乏灵活性，且有可能无法表达学习项之间的实际关联。例如图 4-1 的举例，视频、音频、文本在这个结构中被表达为一种前提关系，即观看视频是听音频的前提，听音频又是阅读文本的前提，阅读文本则是测验的前提。但实际上，这些前提关系并不是知识或学习活动内在固有的，而是在结构设计过程中人为赋予的。这种强加的序列关系会让学习者消耗不必要的认知资源，增加不必要的外在认知负荷。如图 4-2 所示，观看视频、听音频和阅读文本都是测验的前提条件，但这三种学习活动间不存在前提关系和固定的时序关系，都可以独立完成，不需要遵从特定的顺序。

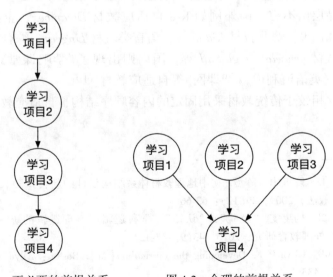

图 4-1　不必要的前提关系　　　图 4-2　合理的前提关系

除了减少不必要的顺序关系，更要避免错误的顺序关系。一般来说，教材的知识点应当从易到难进行排序，学习相对简单的知识常常是掌握比较困难的知识的前提。而当顺序反过来时，则会增加学习困难。例如传统中小学地理教材的知识顺序通常是"先总后分"，即先叙述一般性原理，再描述具体的地理现象，① 而对于中小学生来说，在地理表象知识不足的情况下很难对总结出的抽象原理有深入的理解，这种先难后易的序列结构不符合学习者的认知规律，会增加不必要的认知负担。

（2）自适应的顺序结构

教材的顺序结构通常有两种排序依据，分别是学科逻辑顺序和学习者心理逻辑顺序，这两者曾被看作教材内容组织中的一组基本矛盾。② 现在，研究者普遍认为应当抛弃二元对立的观点，而重点促进两者的统一结合，寻求两者间的平衡已经成为教材内容组织的一个重要目标和原则。③ 而数字教材通过"自适应"功能，能够实时把握学习者的心理逻辑顺序，在接近这个目标的过程中又前进了一步。

目前，国内外"自适应""智适应"数字教材开始起步，探索性产品层出不穷，国外例如 K-8 自适应教材 *Dreambox*、企业培训教材 *Area* 9、幼儿教材 *Kidaptive*、语言类教材 *Lingvist*，综合素质提升类教材 *newsela*、*LightSail* 等。国内则出现了《学吧课堂》《一起作业》《英语流利说》《智课网》等自适应教材。④

相较于传统教材采用固定的内容顺序结构，自适应教材内容的

---

① 段玉山，陈澄. 初中地理教材体系结构设计的新尝试[J]. 课程·教材·教法，2009，29(12)：63-66.

② 杨惠雯. "经验"或"认知"：学科逻辑与心理逻辑的统一路径研究[J]. 外国教育研究，2016，43(9)：3-12.

③ Oliva P F. Developing the curriculum[M]. Boston：Allyn and Bacon，2005：433.

④ 艾瑞咨询. 中国人工智能自适应教育行业研究报告[R]. 2018.

顺序结构结合了学习者的知识水平，具有个性化的特征。① 在构建自适应的顺序结构时，数字教材首先需要将知识进行"纳米级的知识分拆"，即将知识点的粒度控制得尽可能小，并建立一个领域知识模型来表示知识内部的相互关系。其次，通过学习者模型（Student Model）记录和分析学习者的知识水平、知识结构、学习历史等参数，作为提供个性化服务的依据。最后，自适应引擎定义学习者模型与领域知识模型之间的关联规则，并根据相应规则来实现学习内容的排序和学习路径的安排。② 这种结构关系重点考虑的是顺序关系中的前提关系。

以自适应教材 ALEKS 为例，ALEKS 使用知识空间理论进行自适应系统的构建，即在领域知识模型中储存了学习者可能出现的所有知识状态，这些状态的总和就构成了教材的学习空间（Learning Space）。例如图 4-3 就是 ALEKS 的一个小的知识空间，学习者需要掌握五个知识节点（a、c、i、g、h），每个椭圆代表了学习者当前的知识状态，共有 16 种，下层的知识状态是通向上层知识状态的前提。最底端空白的椭圆表示学习者一无所知的状态，而最顶端的椭圆表示学习者已掌握所有知识的状态，箭头则代表学习者可选择的学习路径或可达到的知识状态。在这个空间中，数字教材依据学习者所处的知识状态，根据学习者的路径偏好为其提供特定的学习内容序列。

除了根据学习者知识状态和学习偏好进行路径选择，自适应的结构组织方式还能根据学习者的学习能力进行内容序列的个性化。对于能力较强的学习者，掌握速度较快的学习者，教材会在其水平基础上不断推送更难的相关内容，其学习路径可能是流畅的直线型（图 4-4）。而对于学习能力较弱，需要反复练习的学习者，数字教材则会推送难度较低的相关学习内容，或要求其返回复习先前的内

123

---

① 姜强，赵蔚，李松，等. 个性化自适应学习研究——大数据时代数字化学习的新常态[J]. 中国电化教育，2016(2)：25-32.

② 杨炜伟，吴恒. 大数据时代个性化自适应学习模式初探[J]. 大学教育，2018(4)：38-40.

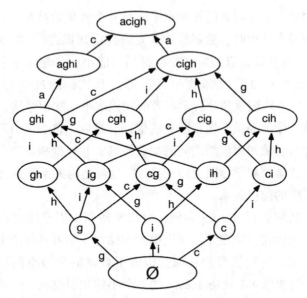

图 4-3　*ALEKS* 知识空间与学习路径示意图

容，其学习路径可能是具有重复性的、螺旋上升的（图 4-5）。

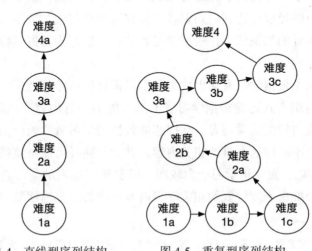

图 4-4　直线型序列结构　　　图 4-5　重复型序列结构

这种因材施教的顺序结构无疑比传统教材固定统一的内容结构更能提升学习效率，降低学习者的外在认知负荷，提高相关认知负荷。例如针对标准化在线考试学习的自适应数字教材 Knewton，就在一年内将数学课程的通过率从 66%～67% 提高到 74.5%，退课率从 13.2%～13.6% 下降到 5.6%，并且对于提升学习兴趣也有作用。知 名 教 育 出 版 商 培 生（Pearson）也 与 Knewton 合 作，开发了 Matering、Mylab 等自适应数字教材，同样通过实验证明其有助于提高学习效率。

但目前这种自适应教材的应用的范围主要以良构性问题领域为主，即知识点清晰，范围明确的学习领域。从教材目的上来说，标准化考试类型的教材居多，例如技能培训、中考、高考等。从学科上来看，则以理科为主，例如数学、物理、化学等。虽然已有一些数字教材在尝试对语文、英语等劣构问题学科进行知识点的分割和自适应学习路径的设计，例如有数字教材将中学语文的知识点拆分为 1.5 万个，但这类学科的知识内容是否适合这样量化的方式来自适应学习，以及学习效果的作用如何，还有待进一步观察。

（3）翻转的顺序结构

如果说自适应的顺序结构主要关注的是前提关系，那么翻转的顺序结构则重点调整了时序关系。其中，基于数字教材的翻转课堂（Flipped Classroom）是一个具有代表性的例子。翻转课堂的"翻转"是将课内外的学习活动次序进行了颠倒，① 即把传统的"先在有指导者的情况下学习新知识，再独立进行作业练习"的结构翻转为"先独立学习新知识，而在指导者帮助下完成知识内化"的"先学后教"结构。② 学习者在课前可以根据自己的知识水平，先行对知识内容进行记忆和理解，然后在有指导者的情况下，对所学内容进行

---

① 金陵."翻转课堂"翻转了什么？[J].中国信息技术教育，2012(9)：18.

② 田爱丽.借助慕课改善人才培养模式[J].中小学信息技术教育，2014(2)：13-15.

应用和深入探讨。

这种对学习活动传统时序关系的翻转更符合人的认知规律，对于提高学习效率很有效。因为学习者可以根据自己的知识水平和学习能力更自由和独立地接受新知识，按照自己的步调和意愿完成。① 而在对新知识内化的过程——这个学习者最需要帮助和指导的过程中，则加强了同学和指导者之间的沟通和交流。同时，翻转也体现了"先行组织者"对于提高学习效率的意义。从某种意义上来说，学习者在对新知识内化之前，所接受的材料可以被看成一种先行组织者，即帮助新知识吸收的引导性材料。② 这种顺序比起传统同步的学习，给学习者带来的外在认知负荷更低，且有利于提高相关认知负荷。

因为涉及指导者的参与，这种数字教材多见于"慕课"或各类在线学习平台、在线学习社区，例如 Moodle、Canvas 等。学习者先在平台上学习相关知识的视频、音频、文本等内容，再集中时间与同学、指导者开展高质量的学习活动。还有的数字教材模糊了线上与线下，更进一步发展为"在线开放课程"与"课堂教学"方式的混合。③

(二) 层次结构

量变引起质变，数字教材内容序列到达一定节点会产生质的差别，从而形成数字教材内容的层次结构。从学科宏观角度来看，内容层次可以根据年级或学习阶段(例如初中、高中)来进行划分。同样，在一个微观的数字教材内容体系中也有不同的内容层次，而

126

① 杨洋，张奕，王超. 基于翻转课堂的自适应学习模型构建与实践[J]. 中国教育信息化，2017(10)：48-49.

② 邓峰，钱扬义，钟伟华，陈烁，钟映雪. 从心理学角度探讨高中化学新教材先行组织者的设计与应用[J]. 课程·教材·教法，2006(11)：63-67.

③ 何克抗. 从"翻转课堂"的本质，看"翻转课堂"在我国的未来发展[J]. 电化教育研究，2014，35(7)：5-16.

对层次结构的正确设置有利于提高学习者的元认知能力。目前，数字教材主要有按照学习难度进行层次划分和按照知识类型进行层次划分这两种方式。

（1）基于学习难度的层次结构

数字教材划分层次结构常以难易程度为标准来进行。不同类型、不同学习目标的教材在对难度的判定上各有差异，但在认知负荷理论视角下，难易度可以统一理解为知识的元素交互性程度，即学习材料内部元素间交互关系的数量。这种互动关系的数量取决于材料的性质和学习者水平两个方面。在学习者水平不变的情况下，学习元素交互性程度越高的学习材料，学习者的内在认知负荷也越大，感知上就会更难。而在材料元素交互性程度不变的情况下，学习者掌握的图式越复杂，学习过程中内在认知负荷就越小，感知上就会较为简单。

从学习材料本身出发进行分层，可以得出一个最基础的二层结构，如图4-6所示。第一层的每一个元素都是独立的（元素1、元素2、元素3、元素4），可以单独学习。第二层除了单个元素的内容，还涉及元素间关系的内容（R1、R1、…、R6），学习者需要消耗较多的认知资源同时处理元素与元素间的关系，难度也就产生了层次上的差别。

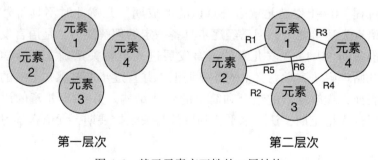

图 4-6　基于元素交互性的二层结构

而这种内在结构的具体表现就是数字教材中常见的入门课和进

127

阶课两个层次。例如某音乐类数字教材就分为"聚会表演入门"和"校园舞台进阶"两个层次。在入门层中，主要教学习者最基本的独立知识，例如音名和唱名、和弦、扫弦、节奏街拍、音符时值等内容，学习者要求能够弹奏出基本的音符和和弦，并且对音符的性质有所了解。而在进阶层中，则要求学习者将入门知识融会贯通，将音符与和弦连接起来，学习弹唱和演奏完整的曲目。某编程数字教材也将内容分成"新手训练营"和"寻找更多星球"两个层次，在新手训练营，学习者会接触到最基础的编程理念，并进行实践，而在寻找更多星球的层次中，则提供了更加专业的如 Scratch 语言、Python 语言的学习。

这种简单的二层结构比较适合以培养技能为目标，且需要学习的知识总量不多的数字教材使用。当需要掌握的知识较多，且要求学习者达到的知识水平较高的情况下，两个层次就不够用了。这时数字教材会根据一定的标准进行更细致的分层。例如有数字教材将根据学习者的应用水平进行分层，例如某英语数字教材就将英语学习层次分为入门、基础、初级、中低级、中级（四六级）、中高级、高级（雅思 6.5，托福 85）、高级 2、精通（雅思 7.5，托福 105）、精通 2、大师、大师 2 等。

还有一些数字教材从学习者认知水平出发进行分层，表现在内容性质和数量变化上。这种分层方式常见于启蒙类教材，例如在幼儿语言学习领域，儿童的语言认知水平是一个连续的且有层次的发展过程。0—1 岁是儿童语言意识的形成期，儿童此时不具备外显的语言表达等能力，但已经逐步具备一定的理解能力，是语言发展的准备期。① 1—3 岁儿童的语言发展进入范畴关系确立期，学习者开始理解语言学意义上的外显词汇，并且逐步能够感知范畴的关系表征，理解词语的组合和简单的句法结构。3—5 岁儿童的语言发展进入稳定期，认知水平达到事件与关系扩展期，元语言学习能

128

---

① 李红，何磊. 儿童早期的动作发展对认知发展的作用［J］. 心理科学进展，2003(11)：316.

力快速发展，学习效率相比于之前有着质的提高。①

例如，针对0—6岁儿童的英语启蒙数字教材《叽里呱啦》将学习内容分为三个主要层次，分别是种子课（面向0—1岁儿童），萌芽课（面向1—3岁儿童），以及主线课（面向3—6岁儿童）。其中种子课主要是儿歌和英语游戏，在儿童语言意识的形成期为其语言发展提供准备，而萌芽课则提供了12个高质量的语言场景，包含了一些简单的词语和句子知识。在主线课中，随着儿童达到3岁这个语言学习的节点，学习者将会直接面对明确的单词和句型知识。其中主线课又细分为三个层级：快速成长期、稳固期和进阶升学期，随着级别上升，需要学习单词和句型知识的数量也随之大幅增加。这符合儿童在这个时期语言学习效率急速提高的认知发展状态。

（2）基于知识类型的层次结构

数字教材在内容层次划分时也常常以知识类型为依据。根据布鲁姆学习目标分类法，知识类型可以分为事实性知识、概念性知识、程序性知识以及元认知知识四种类型，② 如表4-2所示。

表4-2　四种类型的知识

知识分类	知识亚类别	解释说明
事实性知识（Factual）	术语知识；具体细节和要素知识	需要知道的基本要素，通过观察而获得的知识类型，具有"孤立性""分离性"特征③

129

① 杨先明.0—5岁汉语儿童语言发展的认知研究［D］.武汉：武汉大学，2010.

② 洛林·W.安德森.布鲁姆教育目标分类学(修订版)——分类学视野下的学与教及其测评［M］.北京：外语教学与研究出版社，2018.

③ 赵宇恒.基于布鲁姆教育目标分类的初中物理教学策略［J］.中学物理教学参考，2017，46(7)：10-12.

续表

知识分类	知识亚类别	解释说明
概念性知识（Conceptual）	分类和类别的知识； 原理和通则的知识； 理论、模型和结构的知识	基本要素之间的相互关系，是一种抽象的知识类型，具有"概括性""结构化"特征①
程序性知识（Procedural）	具体学科的技能和算法的知识； 具体学科的技术和方法的知识； 确定何时使用程序的准则知识	关于"如何做某事"的知识，包括过程、技能、技术和方法等
元认知知识（Metacognitive）	策略性知识； 关于认知任务的知识； 关于我的知识	关于个体自我认知的意识和知识②

可以看出，这四类知识具有渐进发展的连续性和层次性，概念性知识建立在事实性知识的基础上，而掌握程序性知识也需要对事实性知识和概念性知识有一定的了解，掌握元认知知识更是在对前三种知识有相当程度把握的前提之下。

基于这样的知识类别，又因为事实性知识和概念性知识具有陈述性的特征，可以被归为陈述性知识。因此，数字教材常常呈现出"陈述性知识—程序性知识"的二层内容结构和"陈述性知识—程序性知识—元认知知识"的三层内容结构。这两种结构在数字教材中主要体现为"理论—实践"结构和"理论—实践—思维"结构。

在教材的内容层次中，陈述性知识处于底层，是程序性知识和学科思维的支撑；程序性知识位于中间，联系两者，学习者在不断学习和掌握程序性知识的过程中，更深入地理解陈述性知识，并在此基础上促进学科抽象思维的形成。思维层面的知识位于顶层，可

---

① 俞维军. 从事实性知识到概念性知识的发展[J]. 教学仪器与实验，2015，31(4)：23-25.

② 李洁. 元认知知识、词汇广度和二语阅读水平关系研究[J]. 中国外语，2015，12(5)：57-67.

以从思维方式、观念和价值观等方面彻底影响学习者。①

这类结构在以技能训练为目的的教材中应用较为广泛，特别在以应试为目的的数字教材中尤为常见，如《竹马法考》《粉笔司考》《腰果公考》等都是"理论知识—做题实践—应试思维"这样的内容层次结构。第一层大多包括了形式与政策课、大纲解析课和知识点汇总课程，第二层则重点围绕学习者的考试实践，主要由习题和真题构成，第三层则以构建学习者的应试思维为目标，提供关于答题思路、时间权衡以及与分数取舍相关的知识。除此之外，职业教育的数字教材和以培养学习者实验技能的物理、化学数字教材也常以这样结构来进行内容架构。

三、单元内容架构

仅确定内容的宏观结构是远远不够的，数字教材中的大量内容不可能以独立零散的形式进行顺序或层次构建。② 这就涉及中观层面的教材内容结构——单元。单元结构介于宏观顺序、层次结构以及微观课程结构之间，与宏观结构这种内在结构不同，单元结构是数字教材内容结构的显性线索。单元结构本质上体现的是学习内容之间的主题关系（Topical Relations）和包含关系（Inclusion Relation）。主题关系表示学习项目之间在主题上的相关关系，包含关系则表达了一个学习项目对于另一个学习项目的从属关系。

赫尔巴特学派的戚勒（T. Ziller）最早提出教材"单元"的概念，他认为单元是"方法统一体"。井上弘认为单元是"具有高度统一性的教学内容的分节"。③ 钟启泉也持有相似的观点，即单元是基于

131

---

① 李艺，钟柏昌. 谈"核心素养"[J]. 教育研究，2015（9）：17-23.

② 陈彩虹，赵琴，汪茂华，等. 基于核心素养的单元教学设计——全国第十届有效教学理论与实践研讨会综述[J]. 全球教育展望，2016（1）：121-128.

③ 井上弘，钟言. 教材结构化的逻辑与策略[J]. 外国教育资料，1991（2）：42-54.

一定目标与主题所构成的模块。①

由此我们可以发现，单元具有统一的特性。将教材内容进行单元结构的架构需要具有统一的依据，早期教材一直是以学科知识的逻辑进行划分，随着教材研究和实践的发展，后来不断出现了以技能类型进行划分、以学习者兴趣进行划分、以社会生活经验进行划分等各种方式的教材单元划分法。划分得当的单元结构设计有利于学习者对于知识内容和知识结构的整体把握，也有助于提升学习效率。总的来说，数字教材的单元结构类型通常可以分为两种，分别是学科主题单元与经验主题单元。所谓学科主题单元，是指以具有内在逻辑统一性学科知识系统来构建单元结构；而经验主题单元，是指基于生活经验总结出的相关活动来构建的单元结构。故本部分我们从学科主题单元和经验主题单元两个方面，结合数字教材的实践，探讨教材单元的设计。

（一）学科主题单元结构

布鲁纳（J. S. Bruner）在《教育过程》一书中提出了著名的"学科结构论"，即学习者在学习某一学科时，最重要的是掌握一门学科中最基本的概念、原理和方法，而教材结构则应当对学科结构体现出最根本的理解。② 这种观点指导下的教材单元结构是以学科主题的单元，即以学科的知识结构和逻辑来构建教材单元。

一般来说，这种单元结构适合学术性较强或较为抽象的学科，单元内部知识间的关系性强，结构化程度高。而由于学科逻辑倾向明显，因而单元内容组织更偏向于经典的结构，包括直线式结构、螺旋式结构以及渐进分化式结构和综合贯通式结构。由于直线式和螺旋式结构我们在宏观序列结构已有所体现，可以参考前文内容，

---

① 钟启泉. 学会"单元设计"［DB/OL］.（2015-06-12）［2018-12-28］. http://www.jyb.cn/Theory/zjld/201506/t20150612_626127.html.

② 张璐璐.《物质结构与性质》教材的比较研究［D］. 天津：天津师范大学，2008.

这里不再赘述。在对学科主题单元内容组织的讨论中，本部分重点探讨奥苏贝尔提出的渐进分化式和综合贯通式方法，这两种方法虽然并不是新的概念，但在数字教材的环境中展现了新的特征。

（1）渐进分化结构

奥苏伯尔认为学习者的大脑对于某个学科的知识有一个层级结构，其中概括性最高的知识在顶部，逐步向下知识的概括程度也越低，内容也越具体。① 而从概括知识向具体知识进行组织的内容结构就是渐进分化结构，如图4-7所示，呈现出一种海葵状。深色圆形代表上位知识，圆形颜色越浅知识越具体，概括性越低，箭头方向代表了知识的展开顺序。

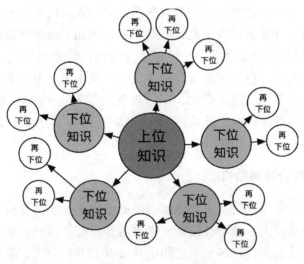

图4-7 渐进分化结构

这种结构表示的是一种"下位学习"或"类属学习"，② 是指在

133

---

① 施良方. 学习论[M]. 北京：人民教育出版社，2000.

② 黄玮. 认知同化论在高中生物学概念教学中的应用[J]. 生物学通报，2010，45(6)：42-44.

一个知识主题中，学习者先获得了概括程度和包容水平较高的抽象知识，再去学习概括度和包容水平较低的具体知识这个从上至下的同化过程。① 学习者再学习具体知识时又可归属到已有的抽象知识之下，反过来补充和扩展上位的抽象知识。

这种结构适合单元中上位知识比较集中和突出，且从特殊性知识中很难总结出一般性知识的状况。例如，数学公式虽然短小精悍，但无一不是人类智慧的结晶，普通学习者很难从具体现象中推导出这样具有真理性的上位知识。在这种情况下，演绎性获取比归纳性获取更省时省力。因此，在数学学科中，学习者应该通过渐进分化结构学习定理、性质、公式和法则等知识。② 例如三角形面积公式，学习者可以非常轻松地掌握，在面对求解各类三角形面积的具体情况时，可以轻松地分化应对。

相比于传统教材，数字教材的超链接功能可以更好地表现这种内容结构，并能够呈现出良好的空间感。例如上海博物馆推出的艺术类教材《风景与艺术》，按照时间分为现代晚期风景艺术、现代早期风景艺术、自然主义与印象主义、古典主义与浪漫主义、现实与梦想五个单元。进入单元，学习者首先学习这个时期画作风格、特征的总体概括内容，随后可以在画廊中漫步，点开具体画作，又可以学习关于特定画作的风格特征。

（2）综合贯通结构

然而，并不是每一组知识都有明确而突出的上位知识，或上位知识的外延较大、抽象性较高，学习者在没有基础的情况下不容易理解和接受。并且许多知识之间也并没有上下位关联，而是一种相关和并列的主题关系。在这种情况下，综合贯通结构比渐进分化结构更为适合。

---

① 王晓英，张文佳，王晓华. 认知结构同化论在中职化学教学中的研究与运用[J]. 学周刊，2015(31)：28-29.

② 闫婷婷. 从奥苏贝尔认知同化理论谈高等数学教学[J]. 通化师范学院学报，2018，39(10)：107-110.

综合贯通结构表示的是一种上位学习或"总括学习",① 着力于对学习者认知结构中现有要素加以重组。② 即学习者先学习概括性和包容性较低的知识,例如学习经验案例,并在这个基础之上去学习和理解抽象的上位知识。事实上,人类认识客观世界大多采用的也是这种从个别到一般的方式。③

除了上位学习,综合贯通结构还包括并列结合学习,也称"组合学习"。④ 这是指学习者需要学习的内容之间并无上位或下位的从属关系,但横向上有一定的主题关联,学习者在学习过程中需要对它们进行比较分析、归纳整理,根据它们的相互关系组合升华成内容体系。

综合贯通结构的应用范围广泛,大部分数字教材的单元都可以用这种方式进行内容组织。例如在历史学习中,学习者需要理解"革命"这一历史事件类型。按照传统的内容组织方式,学习者需要学习具体革命的发生时间、发生地点、原因、过程和结果等,这种方式由于带有大量百科全书式冗余的信息,让学习者向上位知识融会贯通的过程变得十分低效。而如果将许多类似的革命事件放在一起,让学习者进行比较、分析、概括,通过这些有相似性的具体历史事件,通过类推思维去理解"革命"这一类型则无疑要高效得多。在某数学教材中的"圆锥曲线与方程"这一单元中也采用了综合贯通结构进行内容组织,如图4-8所示。

该单元中的知识点包括下位知识"椭圆""双曲线""抛物线",以及上位知识"直线与圆锥曲线"。其中,"椭圆""双曲线"与"抛物线"三者是相互关联的并列关系,在这个单元中按照知识的元素复杂程度进行了排序,并使用"先行组织者"进行连接(图4-8中

① 周建秋. 基于认知同化理论的初中科学概念教学[J]. 现代教育科学, 2012(4): 162-164.
② 赵娟. 认知同化学习理论在高中历史教学中的应用研究[D]. 南京: 南京师范大学, 2014.
③ 皮连生. 智育心理学[M]. 北京: 人民教育出版社, 2008: 131
④ 张仁竞. 基于奥苏贝尔的对话型教学模式构建[J]. 教育理论与实践, 2016, 36(13): 59-62.

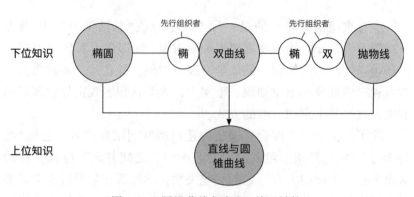

图 4-8 "圆锥曲线与方程"单元结构

"椭"代表与双曲线相关联的椭圆知识，作为引出双曲线知识的先行组织者，"双"代表与抛物线相关联的双曲线知识，作用同上）。先行组织者在这里是将新的学习要素与学习者认知结构中已有的相关部分连接起来，从而降低学习者内在认知负荷，促进学习者有意义地吸收新知识。① 学习者在学习了三个下位知识点后，再学习圆锥曲线的上位知识，从而得到了一个更高的视野，获得了一个系统化整体化的知识网络。

(二)经验主题单元结构

与学科主题单元迥然相异，经验主题单元是以学习者经验出发作为单元划分依据的单元结构。经验结构打破了学科知识的逻辑体系，以问题或项目为单元模块，将知识、技能与思维发展融入解决问题和完成任务的学习活动中。② 这种结构适用于学术性较弱而应用性较强的知识范畴，譬如技能、职业培训。从学科角度来看，与社会生活息息相关的学科，如人文、艺术和语言学科等也更适合这一单元结构。

---

① 郝路军. 奥苏贝尔认知结构同化学习理论对我国教学改革的启示[J]. 中国农业教育，2008(5)：38-39，8.

② 玄颖双，李茂宁. 高职艺术设计教材结构模式设想[J]. 文艺争鸣，2011(12)：169-170.

经验主题单元结构根据学习者的学习主动性程度又可细分为问题单元(Problem Unit)结构和项目单元(Project Unit)结构。① 问题单元对应的是基于问题的学习(Problem-based Learning,PBL)的教学思路,学习者解决问题的学习过程中所完成的一系列活动构成了问题单元的内容。项目单元则是指学习者围绕完成项目所参与的一连串学习活动构成的统一结构体。与问题单元相类似,两者都是基于学习者的生活经验进行构建。不同的是,项目单元需要学习者投入更强的主动性和学习热情。

(1)问题单元结构

问题单元结构的教材内容架构思路最早由教育学家杜威在1909年的 *How We Think* 一书中提出,② 即问题单元的构建需要符合人类问题解决的认知过程——"反省性思维"(Reflective Thinking)。这个过程由五个阶段组成,如图 4-9 所示。

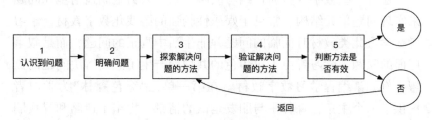

图 4-9　反省性思维的五个阶段

数字教材在问题单元的内容组织上也应符合学习者反省性的认知过程,设置对应的学习内容。③ 在第一阶段,应当为学习者创建

137

---

① 井上弘,钟言. 教材结构化的逻辑与策略[J]. 外国教育资料,1991(2):42-54.

② 约翰·杜威. 我们如何思维[M]. 伍中友,译. 北京:新华出版社,2010.

③ 朱洪翠. 杜威"反省性思维"教学思想的当代价值[J]. 江苏教育,2017(19):34-36.

和提供尽可能真实的经验场景，并在第二阶段引导学习者发现问题，或给学习者提出需要解决的问题。到了第三阶段，教材需鼓励学习者找出解决问题的假设或提供给学习者解决问题的方法，接着在第四阶段指导学习者去测试解决问题的方法，并在最后一个阶段为学习者提供判断方法有效性的知识内容。以语言学习数字教材 *Rosetta Stone* 为例，在以"购物"为主题的问题单元中，学习者置身于一个商场场景（阶段一），需要完成商品的购买、退换等（阶段二），因此需要学习各类商品词汇以及购买相关的短语和句子。教材提供图像、音频和文字来指导学习者学习这些词汇和短语（阶段三），在教材提供的语言情境和语音和文字提示下，学习者参与情境对话，朗读出声（阶段四）。教材的语音识别系统根据学习者说的内容和发音来判断是否合格（阶段五），如果合格则问题解决，如果不合格则无法通过，学习者需要说出正确的答案和正确的发音才可通过。

还有一些数字教材通过编写故事背景，人为地制造情境和问题来实现问题单元结构，常见于娱乐性较强的游戏化数字教材。学习者在学习此类教材时面临的问题并非生活中真正的问题，而是叙事层面的问题，学习者由于对角色的共情而产生了想要解决问题的欲望。例如某编程学习数字教材就在第一单元"绿色森林"为学习者提供了一个主角在森林中与朋友走散的情景，提出了迷路和寻找朋友的问题。这个单元中的40课（关卡）都是围绕这个问题设置，学习者一步步学习和完成关卡，通过了所有学习内容，则可以解决这个叙事层面的问题，找到好朋友，走出森林，并进入下一个问题单元。

（2）项目单元结构

项目单元结构与问题单元结构相似，都是在学习者的生活经验基础上构建的，但它比问题单元更强调学习者的主动学习行为，鼓励学习者决定自己的学习目的和内容，自主设计、实施学习活动，从自身的活动中获得知识，提高能力。这种项目单元主要可分为三种类型，分别是建造项目，例如学习建造或制造一样物品；欣赏项目，例如欣赏一段表演并学习鉴赏；练习项目，例如练习书法、乐器从而谋求技能上的提升。①

　　克伯屈（W. H. Kilpatrick）因师从杜威，受到其"反省性思维"五阶段的影响，② 在其基础上提出了他的四步骤的设计教学法，③如图4-10所示，这成为了项目单元进行内容组织的重要依据之一。

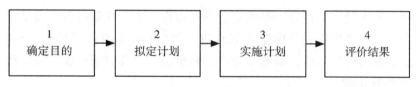

图4-10　设计教学法的四个阶段

　　在第一阶段，学习者根据需要和兴趣选定学习目的，并积攒强烈的学习愿望，④ 当学习者的学习热情不够强烈时，项目学习就无法开始。第二阶段则是学习者提出计划的阶段，这个阶段仅靠学习者自己计划困难性较大，通常数字教材会给学习者提供可供参考的学习计划。第三阶段，学习者在实际活动中实施自己的计划，在这个环节，数字教材通常会引入奖励机制鼓励学习者坚持将计划进行到底。在第四阶段数字教材的评价机制会对学习者项目的完成情况进行评价。这些阶段未必总能按照顺序顺利地进入下一阶段，在遇到阻力时，可以返回前面的阶段进行调整。

　　例如，某吉他弹奏教学数字教材以一首歌为中心来组织单元，每个单元的目的就是学习者熟练弹奏一首歌曲（阶段一），这受到

　　① 徐春妹. 克伯屈设计教学法对我国综合实践活动课程实施的借鉴与启示[J]. 太原大学教育学院学报，2007（2）：29-31.
　　② 易红郡. "设计教学法"述评[J]. 课程·教材·教法，2013，33（7）：103-109.
　　③ 威廉·克伯屈. 教学方法原理——教育漫谈［M］. 王建新，译. 北京：人民教育出版社，1991：329.
　　④ 冷丹阳，李洪玉. 对克伯屈设计教学法的认识[J]. 科教文汇（上旬刊），2009（2）：98.

学习者兴趣和热情的强烈影响，学习者喜欢一首歌就会更加有学习热情，不喜欢则相反。在选定了单元后，数字教材提供了学习计划（阶段二），提供了和弦练习、练习曲练习和乐曲练习这样由易到难的学习路径。学习者进入课程进行指法、练习曲和曲目的学习（阶段三），这个过程以游戏方式构建，数字教材通过麦克风收到正确的弹奏后会给予学习者适当的鼓励，比如在学习者连续弹奏正确后发出赞许的声音，画面也变得更加绚丽等。在学习者练习结束后，教材会根据先前的学习表现进行评价（阶段四），包括哪个和弦掌握得比较熟练，哪些掌握得比较生疏，以及流畅程度、稳定性等多个方面。

四、课程内容架构

课程是构成数字教材的基本单位，从属于单元，其结构受到数字教材宏观结构和中观结构的直接影响。由于课程是学习者接触数字教材的入口，因而其结构与教学和学习活动直接相关，能够最直接地体现出教学方法以及学习策略。由此，课程结构同时可以被认为是一种教学结构。

课程结构的架构方式有很多种，但根据教学过程中指导程度的差异，可以分成两个大类，分别是支架式课程结构和建构式课程结构。支架式课程结构强调为学习者提供足够的教学支持和指导，且教学呈现高度结构化；而建构式课程结构则认为学习者应当从情境中自己探索学习相关知识，学科知识是弱处理的状态，教学结构也较为松散。①

本部分首先对数字教材课程的结构特征进行了分析，然后对支架式课程结构和建构式课程结构分别进行详细的阐述。由于这

---

① Snow R E. Aptitudes and instructional methods: A handbook for research on interactions. [J]. Journal for Research in Mathematics Education, 1977, 9(5): 390.

两种结构有其各自优缺点和适用的学科和学习情境，本部分最后讨论了两种结构的有机结合方式，并提出随着学习者知识水平和学习目标的提高，课程结构应当从支架式结构逐步过渡到建构式结构。

（一）数字教材课程结构特征

数字教材的宏观和中观结构在一定程度上还延续着传统教材的特征，但其微观课程结构与传统教材的结构差异很大，特点非常明显。其中，最突出的两个特征是微观结构的动态性和精简性。

（1）动态性

数字教材课程组织的最小单位随着技术发展一直在变化，从20世纪90年代中后期出现的积件（Integrable Ware）开始，到21世纪开始被广泛使用的学习对象（Learning Object），再到现在基于学习对象技术提出的学习元（Learning Cell）。① 其中，积件是指构成课件的基本教学元件，是基于某一知识点的微教学单元或教学素材。② 学习对象是具有重用特性并能用来支持学习的数字化资源，对比一般学习资源，具有可重用性、互操作性可承受性等特征。学习元则产生于Web2.0的环境中，不仅具有可重用性特征，还能够实现自我进化自我发展，是一种微型的智能化数字学习资源。③

从上述描述可以看出，这些学习资源组织模型的主要思想是一脉相承的，秉持着教育资源共享的理念，都强调将课程知识内容分

---

① Yu S, Yang X, Cheng G, et al. From learning object to learning cell：A resource organization model for ubiquitous learning[J]. Educational Technology & Society, 2015, 18 (2)：206-224.

② 刘晓雪, 李远蓉. 重新认识积件理论[J]. 电化教育研究, 2004(5)：23-27.

③ 余胜泉, 杨现民, 程罡. 泛在学习环境中的学习资源设计与共享——"学习元"的理念与结构[J]. 开放教育研究, 2009, 15(1)：47-53.

解成小块学习资源单元，并允许在各种学习环境中组合和重用。因此，不同于传统教材教材课程结构的静态封闭特征，数字教材的课程结构的灵活易改变，能够通过结构的变动实现各类教学功能和个性化学习体验。特别是学习元还在学习对象的基础上将时间维度引入学习资源的组织中，使得知识内容和结构可以在学习过程中动态演化，充分体现了知识的生长性。① 而且，通过在模型中引入语义基因，学习元还可以灵活描述学习资源的内部结构和外部结构关系。

（2）精简性

数字教材随着发展，课程的长度越来越短，这也导致了微观课程结构必须尽可能地达到精简。传统的电子教材课程通常是为台式机和笔记本电脑设计的，持续时间一般在 30 分钟到 1 小时之间。然而有研究发现，学习者在课程中的专注时长一次很难超过 20 分钟。甚至随着社会的发展，学习者的注意力时长还在不断下降，例如美国国家生物技术信息中心（US National Center for Biotechnology Information）就发现，在 2000—2013 年，学习者在传统课程中的平均注意力时间从 12 秒下降到 8 秒。② 再加上数字教材使用场景变化和使用设备进化，移动学习需求和按需学习需求的迅速增长，降低课程长度势在必行。目前，大部分数字教材的课程都在 2~15 分钟，被称为"可一口吃下的学习"（Bite Sized Learning）或"微学习"（Micro Learning）。

由于尺寸差异，大多数早期的"传统"数字教材在课程组织时都遵循一种"戏剧表演"的固定结构。例如都有一个开头，然后是对主题的描述，加上一些练习，最后再接一个结尾。而且，一般传

---

① 杨现民，余胜泉，王志军. 学习元与学习对象的多维比较研究——学习资源聚合模型发展新趋势[J]. 开放教育研究，2010，16（6）：25-32.

② Sirwan M G, Wakil K, Sirwan N S. The effectiveness of microlearning to improve students' learning ability[J]. International Journal of Educational Research Review, 2018, (3)：32-38.

统数字教材 30 分钟或更长时间的课程通常都是为了实现多个学习目标。然而，这种相对繁琐的结构在微学习课程模块中是放不下的，微学习课程结构斩头去尾极为精简，诉求直接快速地传达信息，强调功能性和效率，且一般只涉及一个学习目标。

这样精简的微型课程结构有多方面的优势，首先，它降低了外在认知负荷，有利于学习者更有效率地吸收和理解知识。① 其次，因为课程结构的学习目标单一明确，有利于为处于困境中的学习者提供及时的支持，例如，一名汽车修理工在修车时遇到了不熟悉的问题，通过手机上的数字教材访问一个不到 15 分钟的相关课程，即可快速学习和解决问题。最后，这样的结构也可以灵活地涵盖正式学习和非正式学习，由于不需要学习者长时间投入，它可以轻松融入日常活动，但学习者也可以连续地正式学习。由于微学习的精简结构将课程知识划分成更小的粒度，学习者可以根据需要自由选择，也更有利于个性化学习的实现。

(二) 支架式课程结构

支架式课程结构是指依据人类认知结构，向学习者提供充分的解释以帮助其内化知识的结构。这种课程结构是认知负荷理论的重要体现，给学习者提供了足量的指导信息，减少了其在掌握活动顺利展开所必需的学科知识过程中的试错成本和时间消耗，有利于降低学习者的外在认知负荷，提高学习效率。在大量控制性实验研究中，支架式结构被证明可以带来良好的学习表现和迁移效应。适合大部分的学科和学习场景，就学习者的知识水平而言，其适合从新手到中等水平的学习者。

在支架式课程结构中，指导力度最大且最具代表性的是"样例"(Worked Example)结构，以及与之相关的问题补全结构。

143

① Millward L J. Understanding occupational & organizational psychology[M]. London: SAGE Publications, 2005.

（1）样例结构

样例是指对要解决的问题所提出的一个完整的解决方案和可能的解释,① 是将问题从初始状态转变为目标状态的算法序列或解决方案的示例, 其结构通常分为三个部分: 问题的初始给定状态、目标问题状态和相应的解决方案和过程, 如图 4-11 所示。其中, 按照描述范围的不同又可将样例分为结果型样例和过程型样例两种类型, 结果型样例注重全面描述问题的各个状态和解决方案, 因覆盖范围较窄, 更有针对性地适用于技术知识的学习, 例如修复漏洞、排除故障等。而过程型样例在结果型样例的基础上还强调解决问题的过程, 适用于启发式和系统化解决问题的学习领域。②

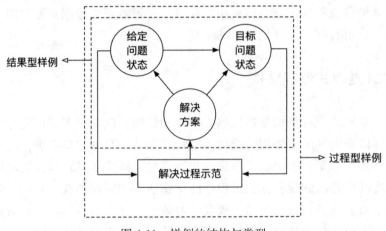

图 4-11　样例的结构与类型

① McLaren B M, van Gog T, Ganoe C, Karabinos M, Yaron D. The efficiency of worked examples compared to erroneous examples, tutored problem solving, and problem solving in computer-based learning environments [J]. Computers in Human Behavior, 2016(55): 87-99.

② 杰伦·J. G. 范梅里恩伯尔. 掌握综合认知能力——面向专业技术培训的四元教学设计模式[M]. 盛群力, 等, 译. 福州: 福建教育出版社, 2017: 166-179.

认知负荷理论认为样例学习比提供较少指导甚至不提供指导的学习效果更好，也就是著名的"样例效应"（Worked Example Effect）。特别是对于初学者来说，他们因为缺乏有效的知识来解决问题，当缺乏足够的指导信息时，将不得不使用通用的问题解决策略，例如手段—目的分析（Means-Ends Analysis）。通过分析当前状态与目标状态的区别，以及寻找减少两种状态差距的方法。这种方式会让学习者同时考虑多个元素，并花费大量的时间，且给工作记忆带来很大的负担，但对于学习却没有效果，当学习者下次面对类似的问题时，仍然要再次依赖这样低效的策略。而在样例学习中，学习者不需要花费精力来解决问题，而是将注意力集中到如何解决问题的学习上。样例可以帮助学习者建立图式，因其指出了一种针对这类特定问题的高效方法，当学习者遇到此类问题时都可以调用这种图式来解决问题。

以实验类数字教材《物理实验课》为例，这是一个开放的实验情境，学习者几乎可以不受任何限制地随意设计物理实验，并学习相关物理知识。然而对于知识储备较少的初学者来说，如果没有示例的指导，可能需要在问题初始状态花费大量时间探索，甚至一些最基础的元件使用问题就会绊住其前进脚步。在这样沉重的外在认知负荷下学习者可能会出现很多失误并失去学习动机。因此，《物理实验课》提供了大量的精选样例，不仅展示了问题的初始状态和目标状态，且对相关实验提供了详细的解释说明以及步骤信息，学习者先对相关实验和知识点进行学习，再模仿和创建自己的实验，这有助于提高学习效率。

（2）问题补全结构

从上述分析中我们也能看出，样例结构留给学习者参与的空间有限，学习者处于一种被动接受的状态，而且也不能确定学习者是否对这些样例进行了深入的研究，抑或敷衍了事。池（Chi）等研究发现，只有当学生发现在解决问题上存在困难时，他们才可能深入研究和学习样例。① 由此，问题补全结构在样例结构的基础上应运而生。

　　问题补全结构是样例结构的一种变体，向学习者提供问题初始状态、问题目标状态和部分(或有缺失的)解决方案，而学习者的任务是补全这个方案并解决问题。这种结构提高了学习者学习的主动性，他们必须认真参与和思考才能获得完整的解决办法，特别适合于设计类的学科范畴，例如计算机编程、产品设计等领域。②

　　而随着学习过程中学习者知识水平的提高，问题补全结构也应随之变化，如图 4-12 所示。其中，圆形代表了学习任务，黑色三角形表示任务在各个维度上的变异(例如任务情景、呈现方式等)，灰色填充区域代表提供样例支持的完整性，深色区域越多说明样例更完整，反之则说明样例更残缺。学习者进行完整样例的学习，之后进行"不完整的案例学习"，最后过渡到没有样例指导，只有问题初始状态和目标状态的"常见问题"，即学习者最终需要学会独立自主地解决问题。

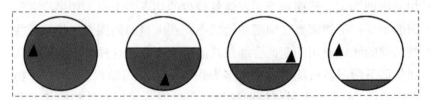

图 4-12　问题补全结构的渐进变化

　　例如语言类数字教材 *busuu* 在日语课程 1："Hello!"中，首先给学习者提供了最大力度的样例支持：一段完整的两个角色打招呼

---

　　① Chi M T H, Bassok M, Lewis M W, et al. Self-Explanations：How students study and use examples in learning to solve problems［J］. Cognitive Science, 1989, 13(2)：145-182.

　　② Paas F G. Training strategies for attaining transfer of problem-solving skill in statistics：A cognitive-load approach［J］. Journal of Educational Psychology, 1992, 84(4)：429-434.

的对话(图 4-13)。在学习者学习了完整样例之后，换成提供中等支持力度的样例，即隐藏其中一个角色的对话，并以变异的形式(选词填空、语音朗读)要求学习者对样例进行补充(图 4-14)。最后撤去所有支持，要求学习者以写或说的方式与数字教材社区中的其他用户打招呼，并接受其他用户的回应(图 4-15)。

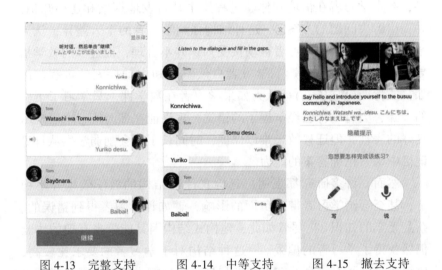

图 4-13　完整支持　　　图 4-14　中等支持　　　图 4-15　撤去支持

资料来源：截图于 *busuu* 应用程序

在课程进行过程中，只有样例需要补全的部分越来越多，才能为学习者提供练习再生性组成技能的机会，甚至提出自己独特性的问题解决方式。同时不断增加变异性和上下文的干扰，① 进一步加强学习者的主动参与，让学习者在不同的情况下理解和学习到最具一般性的知识。②

---

① Paas F, Gog T V. Optimising worked example instruction: Different ways to increase germane cognitive load[J]. Learning & Instruction, 2006, 16(2): 87-91.

② 杰罗姆·范梅里恩伯尔，保罗·基尔希纳. 综合学习设计(第二版)——四元素十步骤系统方法[M]. 盛群力，等，译. 福州：福建教育出版社，2015.

（三）建构式课程结构

建构式教学结构主要受到建构主义学习理论的影响，其特点是将学习者置于一个"真实"的情境中，不提供或提供很少的教学指导，要求学习者在情境和体验过程里主动自发地探索和建构知识，并提出解决问题的方案。① 这种结构强调学习者的个人差异，认为采用统一的样例让学习者被动接受知识并不合理，而过多的教学指导更是会揠苗助长，影响学习者自然学习和主动探索的进程。例如，威肯斯（Wickens）就认为如果学习者在数学课上只学习了正确的步骤，会有一种已经掌握了的错觉，也许能在即时练习中展现出良好的表现，但迁移效果难以保证，时间长了还会削弱学生从自身记忆中探索正确答案的能力。

然而，许多研究都表明，建构式课程结构的教学效果并不稳定，甚至会给学习者带来负面的影响，譬如让学习者得到错误的、杂乱无章的知识。② 尽管如此，建构式结构因其能带来有趣的体验仍然获得了学习者的偏爱。③ 这种结构对于学习者的要求比较高，比较适合已经有较高的知识水平和自我指导能力的学习者，或是兴趣和学习动机较为强烈的学习者。

而由于数字教材借助计算机技术在情景构建上具有独特的优势，因而有大量的数字教材采用了建构式课程结构。该结构从类型上主要可分为三种，分别是体验式结构、探究式结构和协作式结构。

---

① Joolingen W R V, Jong T D, Lazonder A W, et al. Co-Lab: Research and development of an online learning environment for collaborative scientific discovery learning[J]. Computers in Human Behavior, 2005, 21(4): 671-688.

② 保罗·基尔希纳，约翰·斯维勒，理查德·克拉克，钟丽佳，盛群力. 为什么"少教不教"不管用——建构教学、发现教学、问题教学、体验教学与探究教学失败析因[J]. 开放教育研究, 2015, 21(2): 16-29, 55.

③ Clark R E. Antagonism between achievement and enjoyment in ATI studies [J]. Educational Psychologist, 1982, 17(2): 92-101.

（1）体验式结构

体验式结构反映的是体验式学习（Experiential Learning）策略，强调学习过程中直接经验和反思的重要性，具有真实性、自然性和基础性的优势。① 该结构最早由杜威在 20 世纪初提出，到了 20 世纪 80 年代，美国著名社会心理学家柯尔柏（D. Kolb）在杜威、罗杰斯和勒温等的理论基础上，结合建构主义学习理论②提出了著名的体验式学习循环结构，见图 4-16。③

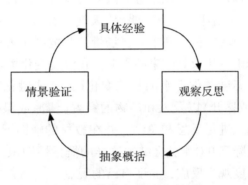

图 4-16　体验式学习循环结构

这一种基于直接经验的课程结构④主要分为具体经验、观察反思、抽象概括、情景验证四个模块，数字教材课程的体验结构也基于此进行组织。首先，为学习者提供一个真实情景，并设置体验任务，然后通过有意义的启发问题，引导学习者观察和回顾经历的内

① 柯林·比尔德，约翰·威尔逊. 体验式学习的力量[M]. 黄荣华，译. 广州：中山大学出版社，2003：4.

② Kolb D A. Experiential learning：Experience as the source of learning and development[M]. New Jersey：Prentice-Hall，1984：41.

③ 克努兹·伊列雷斯. 我们如何学习：全视角学习理论[M]. 孙玫璐，译. 北京：教育科学出版社，2014：55-59.

④ 严奕峰，谢利民. 体验教学如何进行[J]. 课程·教材·教法，2012（6）：21-25.

容，并进行分析和反思。接着，通过问题、知识应用等方式继续引导学习者将反思的观点进行抽象和概括，也就是感性认识上升到理性认识。最后，再次为学习者提供真实情境，并让其在情境中验证自己的理性认识。

由于能通过体验获取的知识是有限的，许多知识需要靠演绎推理来进行。因而体验式结构适合单点知识的深入理解和学习，而不适用于学科整体的学习。也因此，这类结构通常作为系统学习的补充，常常应用于启蒙类的数字教材和兴趣提高类的数字教材。

例如，在杭州阿优文化创意有限公司联合中国科协开发的启蒙类数字教材《阿 U 学科学》中，课程"天气百态"就采用了体验式结构，课程为学习者提供了两个天气场景，儿童可在场景中分别体验温度变化和降雨变化及其带来的影响。在温度变化场景中，学习者可以观察不同温度条件下水的状态变化(结冰或融化)、植物的生长情况(枯萎或盛开)以及人和动物的穿着(清凉或保暖)。学习者在观察的基础上进行反思和总结，并在教材的辅助下进一步抽象，得到例如温度降到 0℃水就会结冰这样的概括性知识，最后在场景中自发调试温度观察反应，验证自己的观点。

除了对知识和技能的学习的知识，体验式学习结构也能很好地加深学习者的情感体验，促进学习者形成某种情感、态度和或价值观，其结构如图 4-17 所示。① 在这个结构中，学习者首先会接触到一个情绪事并在个体认知评价的影响下唤醒情绪，② 然后对事件和自己产生的情绪进行反思和分析，最终产生情绪上的转变。其中，情绪事件越是真实有感染力，后续的学习迁移效果也就越好。③

---

① 庞维国. 论体验式学习[J]. 全球教育展望，2011，40(6)：9-15.

② Roseman I, Spindel M, Jose P. Appraisals of emotional-eliciting events: Testing a theory of discrete emotions [J]. Journal of Personality and Social Psychology, 1990 (5): 899-915.

③ Cahill L, McGaugh J L. A novel demonstration of enhanced memory associated with emotional arousal[J]. Consciousness and Cognition, 1995 (4): 410-421.

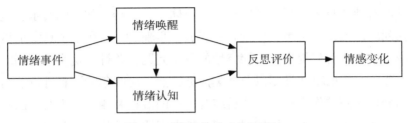

图 4-17　情感体验式学习结构

　　以某启蒙类数字教材为例，第一课"蛋糕"中，情绪事件是三个小动物在考虑如何分着吃一个大蛋糕。当学习者将所有蛋糕给其中一个小动物吃的时候，其他两个小动物会作出沮丧的表情，并表示对吃了蛋糕的小动物的不满，而只有当平均分配时，三个小动物才会一起笑逐颜开。学习者在这个体验过程中可以通过反思理解善于分享才有利于收获友谊的观点，并产生态度的转变。此外，绘本类数字教材也常采用情感体验式学习结构，让学习者体验简单的寓言故事后，引导学习者思考故事中的行为，并培养学习者健康向上的价值观。

（2）探究式结构

　　探究式结构也是一种建构式的课程结构，反映的是探究式学习（Inquiry Learning）的思想，是指学生以类似科学研究或科学发现的方式开展学习活动，[①] 因而这种结构主要应用于自然科学学习领域。探究学习一词最早是由施瓦布于 1964 年提出的，但在其之前这种思想已有体现，例如布鲁纳提出的发现式学习，就与探究式学习的核心观点不谋而合，都提倡通过让学习者经历科学家研究的过程来"发现"知识。[②]

　　与体验式结构由教材和指导者安排体验不同，探究式结构强调

151

---

①　徐学福. 探究学习的内涵辨析[J]. 教育科学，2002（3）：33-36.

②　钱佳宇. 布鲁纳的发现式学习与研究性学习的比较——对布鲁纳的发现式学习的反思[J]. 外国中小学教育，2011（8）：55-58.

学习者独立自主选择学习路径和学习体验。其结构如下图所示，包括问题、证据、解释、评价和发表五个步骤。① 即在一个真实情境中，学习者首先提出一个探究性的科学问题，并针对这个问题判断需要什么样的事实证据以及搜集证据，然后对收集的资料进行总结和分析对问题作出解释，之后结合已有的解释和相关知识对自己做出的解释进行评价，最后用合理和论据阐述自己的解释并与他人交流获得新知，如图 4-18 所示。

图 4-18　探究式学习课程结构

　　但在一节课程单位中，要完整地组织起这五个阶段，形成一个具有高度探究性的结构是很困难的，因而大多数采用探究式课程结构的数字教材只覆盖了其中几个步骤。例如教授生物进化知识的数字教材 *Dino Walk* 就覆盖了前三个阶段。该教材为学习者提供了一个从远古至今的生物进化图景，学习者可以针对相关问题进行证据的收集，并根据教材提供的指导信息形成自己的解释。但教材没有提供评价和交流的模块。

　　另外，在这个探究过程中，教材提供的支持性材料越多，学习者的自主探究程度就越低，反之就越高。例如数字教材《烧杯》的课程结构具有很高的探究性，其在课程设置中为学习者提供了几乎所有的物质成分和一个模拟的实验情境。学习者需要自发地提出探究的问题，自发地涉及实验，并选择需要观察和记录哪些化学反应，除了在反应过程中烧杯上方会闪现相应的化学方程式这种最低限度的指导信息，教材不提供任何教学支持。在这种情况下，学习者的学习大多是在好奇心驱使下比较自发和盲目地探索，这样低程

① 科学探究性学习的理论与实验研究课题组. 探究式学习：含义、特征及核心要素[J]. 教育研究，2001(12)：52-56.

度的支持对于大部分学习者来说是不友好的。相比之下，天文学习
教材 *Solar Walk* 的支持力度就相对合理，该教材以太空模拟为学习
情境，给学习者提供了一些可探究的问题或任务，学习者可以从中
选择，也可以自发地提出新问题。同时在学习者的证据收集阶段也
有进行预先的整理，例如在学习者需探索与土星相关的知识，教材
整理了三维动态图像、基本资料、特征、内部结构和天文图库等分
类信息，既降低了学习者的探究过程中的认知负荷，又保持了探究
学习的自由性。

(3)协作式结构

协作式结构体现了协作/合作学习(Collaborative or Cooperative
Learning)的核心思想，这种教学理论起源于经济学领域，20 世纪
70 年代于美国兴起，① 是指多个学习者合作，② 为了实现共同的学
习目标③并最大化个人和他人的习得成果，而合作互助的相关
行为。④

虽然协作学习作为一种很有前途的教育方法正在兴起，但它对
学习效果的影响一直是不确定的。⑤ 一些研究发现学习者之间互相
支持的协作有利于发展复杂命题，⑥ 可以帮助学习者更长久地记住

---

① 潘庆红. 基于 Wiki 平台的协作式学习模式实验研究[D]. 兰州：西北
师范大学，2007.

② 周玉霞. 基于网络的协作式学习及其模式设计原则[J]. 现代远程教
育研究，2001(2)：21-24，63.

③ 张晓莉，郑颖立，冯秀琪. 基于网络的协作式学习系统的设计模式
[J]. 中国电化教育，2003(3)：68-71.

④ 黄荣怀. 关于协作学习的结构化模型研究[D]. 北京：北京师范大学，
2000.

⑤ Kester L, Paas F. Instructional interventions to enhance collaboration in
powerful learning environments[J]. Computers in Human Behavior, 2005, 21(4)：
689-696.

⑥ Munneke L, Andriessen J, Kanselaar G, et al. Supporting interactive
argumentation：Influence of representational tools on discussing a wicked problem
[J]. Computers in Human Behavior, 2007, 23(3)：1072-1088.

所学的信息，① 并且能够能培养更高阶的技能，对于学习者的共情、宽容、友谊、自信、认知等都有积极影响。② 但也有大量研究表明即使学习者参与了协作学习，有效地形成了小组完成了学习任务，也并没有发现有益于学习的效果。③

从认知负荷理论来说，为了发挥协作学习结构的优势，避免无效甚至负面的影响，必须要在设计协作学习环境时关注和理解人类认知结构，并选择适合小组学习的任务。在认知负荷理论视角下，可以将协作学习结构看成是由多个(学习者的)容量有限的工作记忆组成的信息处理系统，并共同构成了一个集体工作空间。④ 从这个角度来看，多个协作的工作记忆会比单个(学习者的)工作记忆的处理能力要强，在处理复杂任务时认知负荷也会相对变低。但是这种方式是否能够产生效果取决于任务的类型，特别是任务的复杂程度。例如对于简单的记忆任务这种协作结构是不必要的，不仅不会带来更好的学习效果，还会因交流过程耗费认知资源，徒增无意义的外部认知负荷。而对于需要在工作记忆之间共享相关信息以开始学习的复杂任务，协作结构显然更能发挥其优势，在这种情况下，任务所施加的认知负荷能够在小组成员之间分摊，个人层面的工作记忆处理能力相对提高，由此小组成员可以构建比单独学习更高质量的认知图式。

由于数字教材依托计算机技术在构建协作学习环境上具有得天

---

① Morgan R L, Whorton J E, Gunsalus C. A comparison of short-term and long-term retention: Lecture combined with discussion versus cooperative learning [J]. Journal of Instructional Psychology, 2000(27): 53-58.

② 安妮塔·伍尔福克. 教育心理学[M]. 伍新春，等，译. 北京：中国人民大学出版社，2012：30-254.

③ Westelinck K D, Valcke M, Craene B D, et al. Multimedia learning in social sciences: limitations of external graphical representations[J]. Computers in Human Behavior, 2005, 21(4): 555-573.

④ Kirschner F, Paas F, Kirschner P A. Individual and group-based learning from complex cognitive tasks: Effects on retention and transfer efficiency [J]. Computers in Human Behavior, 2009, 25(2): 306-314.

独厚的优势，因而协作结构是数字教材中十分常见的课程建构，通常与其他微观课程结构相伴出现。但值得一提的是，数字教材中的大部分此类学习任务只表现在形式上，而未能构建起一个真正有意义的协作式结构。例如，许多数字教材都有学习社区、学习小组的功能，但很显然，将学习者放在一个小组中并给他们分配任务并不保证他们会一起工作，参与有效的协作学习过程，并显示出积极的学习成果。

根据认知负荷理论，构建成功的协作式课程结构的关键在于构建共享认知和共享心理模型，即只有在团队中每个成员所持有的相关知识得到交流和协调的情况下才有可能形成集体知识结构，共享认知，并实现有效的协作学习。① 为了实现学习者在协作任务中的有效交流，要搭建学习者在学习过程中的相互依赖结构，包括任务或目标的相互依赖结构（Task/Goal Interdependence Structure）和资源的相互依赖结构（Positive Resource Interdependence Structure）。

任务或目标相互依赖的结构涉及多个任务，指的是一个总任务的性能取决于其他相互连接的子任务的完成的结构。② 如图 4-19 所示，总任务的完成取决于"子任务 1"和"子任务 2"的完成，"子任务 2"又取决于"子任务 3"和"子任务 4"。小组成员的目标任务是相互依赖依赖的关系，学习者在实现个人任务目标的同时也实现团队目标。以口语学习数字教材《英语趣配音》为例，在"合作配音"课堂上，学习者需要和平台中其他用户一起共同扮演电影片段中的不同角色，协力完成对话。虽然单个用户的任务是完成自己负责的角色的配音，但任何失误都会给后续其他用户的参与造成影响，例如配音速度太慢会导致其他用户错过最佳配音时间，而只有当所有用户都完美完成各自任务时，总任务才能良好完成。

155

① Salas E, Sims D, Burke C. Is there a "Big Five" in teamwork？［J］. Small Group Research，2005(36)：555-599.

② Langfred C W. Work-group design and autonomy：A field study of the interaction between task interdependence and group autonomy［J］. Small Group Research，2000，31(1)：54-70.

了理论知识，还需要掌握例如与病人面谈、选择适当的诊断程序及制订管理计划等技能。莱宾克（Leppink）和范登海维尔（Van Den Heuvel）提出了基于任务真实性、任务复杂性和教学支持程度三个维度的医学数字教材结构，见图4-21。①

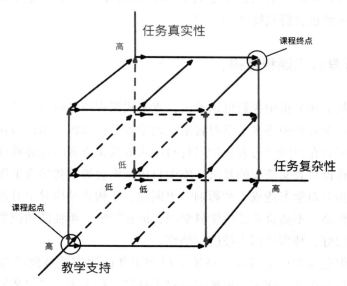

图 4-21　医学数字教材的整体课程结构

其中，任务真实性包括最初从教科书和文献中的学习，以及对模拟患者和最终真实患者的高级学习的渐进过程，是建构式结构完善程度的维度。对于新手来说，过早地在一个高真实性的环境中缺乏教学支持地开始探索学习可能会在两方面给认知带来负担，② 其一，初学者对复杂环境中的许多元素是不熟悉的，会导致他们在处

---

① Leppink J, Angelique V D H. The evolution of cognitive load theory and its application to medical education[J]. Perspectives on Medical Education, 2015, 4(3): 119-127.

② Leppink J, Duvivier R. Twelve tips for medical curriculum design from a cognitive load theory perspective[J]. Medical Teacher, 2016, 38(7): 669-674.

理过程中工作记忆超载,而低真实性的环境控制性较强,有利于学习者专注于最主要的元素。其二,真实环境中的情绪诱发因素(例如病人死亡)会极大地影响学习者的情绪甚至带来心理伤害,① 而这种刺激性情感同样会引发过高的认知负荷。② 因此,在提高环境真实性的过程中根据学习者的发展水平缓步进行。任务的复杂性独立于真实性,描述的是学习任务或活动的内在难度。这种难度的逐渐增加可以通过基于问题的学习展开,即需要解决的病症涉及的元素越来越多,患者自身的状况越来越复杂,配合时间压力,干扰信息,可以将难度一点点提升。最后,教学支持程度代表了支架式结构的完善程度,包括从完整支撑学习过程过渡到不提供任何指导的自主任务的过程。可以从提供完整样例开始,逐步减少样例的内容,最终完全撤去教学支持。在这个三维过程中,课程结构从高支持性、低复杂性、低真实性的起点,逐步过渡到低支持性、高复杂性和高真实性的终点。

---

① Fraser K, Huffman J, Ma I, et al. The emotional and cognitive impact of unexpected simulated patient death[J]. CHEST Journal, 2014, 145(5): 958-963.

② Eunjoon R U, Plass J L, Hayward E O, et al. Emotional design in multimedia learning[J]. Journal of Educational Psychology, 2012, 104(2): 485-498.

第五章　数字教材内容呈现

　　数字教材的内容呈现是指内容在数字教材中的表现形式，关注的是内容的传达过程。① 其受到知识本身的直接影响，例如美术知识需要选择图像呈现，音乐知识需要通过音频传达，同时也受到教材内容结构的强力制约，譬如序列结构以闯关方式展现，并列结构则以主题探索方式表现。良好的内容呈现能够有效传达知识内容，发挥内容结构的功能，提高学习者的学习效率和学习表现。而不良的内容呈现则会增加学习者的认知负荷，阻碍学习过程。

一、多媒体内容呈现的认知负荷效应

　　数字教材与传统教材在内容呈现上最显著的差异就是数字技术与多媒体的使用，随着数字技术的快速发展，数字教材内容表现形式体现出了富媒体的特征。因而，本书在认知负荷效应和原则的理论指导下，重点探讨数字化学习环境中数字教材内容的多媒体呈现，分析媒体呈现知识内容的方式。

　　认知负荷理论普遍地探讨了教材应如何通过文本、图像和音频等多媒体进行呈现以促进学习，并提出了适用于各类交付平台和各

---

　　① 周青，田晓梅，杨辉祥. 化学教材中知识呈现方式情境化的意义[J]. 吉林师范大学学报(自然科学版)，2005(4)：68-69.

类学科内容的多媒体呈现效应，例如分散注意力效应、冗余效应、情态效应等，这些效应或原则具有跨学科跨内容的普遍性，如表5-1所示。

表 5-1　多媒体内容呈现的认知负荷效应

认知负荷效应	描述	相关研究
注意分散效应(The Split-Attention Effect)	整合的相关信息比分散的相关信息更有利于学习效果	Sweller, Chandler, Tierney, & Cooper, (1990); Austin (2009); Lee 和 Kalyuga (2011)
情态效应 (The Modality Effect)	使用听觉和视觉两种模式结合来传达相关信息更有利于学习	Mousavi et al. (1995); Tabbers、Mayer 和 Moreno(2003); Dillon & Jobst, 2005 等
冗余效应(The Redundancy Effect)	相同的信息用不同方式叠加呈现，会造成冗余	Chandler & Sweller(1991); Gerjets, Scheiter, Opfermann, Hess 和 Eysink(2009) 等

　　注意分散效应的提出是由于学者发现特定格式的样例效果相对不显著，这类样例的信息呈现较为分散，使得学习者的注意力被迫在时空上分离，呈现样式本身给学习者带来的沉重的外在认知负荷。注意分散效应在多个学科领域例如几何、会计、经济学、语言等得到验证。① 情态效应与注意分散效应高度相关，注意分散效应描述时空分散的信息源带来的高认知负荷，情态效应描述多媒介信息源整合带来的降低认知负荷效应，即整合视觉通道与听觉通道的信息有利于降低单通道的负荷，从而降低整体认知负荷。注意分散效应和情态效应都需要建立在信息内容本身是整合相关的基础上，而不是分别独立的信息。当信息内容本身是可以独立理解的，而使

---

　　① Ayres P, Youssef A. Investigating the influence of transitory information and motivation during instructional animations [C]// International Conference on International Conference for the Learning Sciences. International Society of the Learning Sciences, 2014: 68-75.

用多种媒体重复表达，或分散重复呈现，就会出现冗余效应（The Redundancy Effect）。而在很多传统学习材料设计中，特别是随着投影仪、Powerpoint等技术使用的增加，设计者认为通过不同媒介来表现同样的信息有利于加深学习者的记忆从而促进学习，但实际上这种做法反而提高了外在认知负荷，同时抑制了两种渠道对于信息的吸收。①

另外，在认知负荷理论基础上，梅耶（Mayer）等还从学习角度出发提出多媒体学习理论，更细致地分析了多媒体材料设计方式对于学习效果的影响，② 游泽清等则从教学角度出发构建了多媒体画面语言理论，具体研究了媒体符号之间、媒体符号与教学内容和教学环境之间应遵循的设计和审美规则。③

本章结合学习和教学两个视角，联系数字教材的实践，首先探讨数字教材中单个媒介的特征及应用，其次对更为丰富的媒介组合效果和规律进行研究，最后结合多媒体画面其他元素，综合讨论数字教材整体版式的呈现。

二、内容呈现的媒体特征与选择

数字教材是一种多媒体教材，换句话说，是一种采用多样化形式显示的各种技术性资源的综合体，④ 包含了图、文、声、像四个

---

① Kalyuga S, Chandler P, Sweller J. When redundant on-screen text in multimedia technical instruction can interfere with learning[J]. Human Factors：The Journal of the Human Factors and Ergonomics Society, 2004, 46(3)：567-581.

② 郑旭东，吴博靖. 多媒体学习的科学体系及其历史地位——兼谈教育技术学走向"循证科学"之关键问题[J]. 现代远程教育研究, 2013(1)：40-48.

③ 王志军，王雪. 多媒体画面语言学理论体系的构建研究[J]. 中国电化教育, 2015(7)：42-48.

④ 沙伦·E. 斯马尔蒂诺. 教学技术与教学媒体[M]. 郭文革，译. 北京：高等教育出版社, 2008.

大类丰富的媒体(Medium)类型,① 如表 5-2 所示。

表 5-2　数字教材中的媒体要素

媒体要素类型	属性②	例子
静态图像	静态形象媒体	照片、插图、图形
动态图像	动态形象媒体	动画、视频、增强/虚拟现实
文本	静态抽象媒体	文字
声音	动态抽象媒体	解说、音乐、音效

　　通过这些丰富的媒体形式,数字教材中的内容可以更生动形象地表现出来,为学习者更高效地吸收和理解知识提供了可能性。但在目前数字教材呈现组织的实践中,教材设计者对于多媒体的运用仍然缺乏理论的支持,倾向于不分场合地大量添加装饰性的声音和动态图像,过度强调趣味性而对于媒体呈现促进学习的功能有所忽略。事实上,不同学科的知识内容,不同的教学目标,学习者先验知识的差异都对媒体形态的选择和使用提出了不同的要求。使用不恰当的媒体形式会阻碍内容的传达,给学习者增加不必要的外在认知负荷。因此,为了选择科学合理的媒体形式,我们首先要了解数字教材中比较常用的几种媒体的特征,并探讨其应用场景与方式。

(一) 文本的数量控制及表达

　　文本是大多数教学和学习活动的中心支柱,对于数字教材而言,文本是将其他元素结合在一起的黏合剂,是数字教材中起到基

163

----

　　① Medium 可以同时被理解为"媒体"和"媒介",但媒体的内涵是信息的载体,媒介的含义则偏向存储、呈现和传输媒体的物理介质,因而这里使用"媒体"一词。
　　② 游泽清. 多媒体画面艺术应用[M]. 北京:清华大学出版社,2012:2.

础性作用的媒体形式。

（1）屏幕文本与印刷文本

在传统教材中，文本的应用已经具有毋庸置疑的普遍性和有效性，但纸质教材中的文本却不能直接转移到数字教材中，因为数字教材的"屏幕文本"（Text on Screen）与传统教材"印刷文本"在阅读方式和阅读体验上有着根本的差异。

莫克斯（Morkes）和尼尔森（Nielsen）调查了经验丰富的网络用户，发现在阅读屏幕网页时，只有16%的人逐字逐句地阅读，79%的人通过扫视浏览大部分屏幕来获取信息。平均而言，用户只会阅读每个网页上约28%的文本。① 从阅读速度上来说，屏幕阅读比纸质阅读速度更慢，阅读时间更长。② 从用户偏好上来说，大量研究都发现屏幕文本不如印刷文本受欢迎，大部分人更喜欢阅读纸质文本，特别是涉及学习的时候。③ 这一方面是因为相比于传统印刷文本，屏幕文本缺乏丰富的感觉体验，另一方面则是由于屏幕呈现文本在亮度和分辨率上都较低，在阅读相同的文本内容时，更容易感觉到视觉疲劳（Visual Fatigue）而影响偏好。④

（2）控制文本数量

基于学习者对屏幕文本和印刷文本感知差异，许多研究者都提出应当降低数字教材中的文本数量，以提高阅读文本的效率。例如尼尔森（Nielsen）建议在传达同样内容的情况下，电子文本的数量

---

① Alertbox N J. How little do users read? ［EB/OL］. （2008-05-06）［2018-12-29］. http://www.useit.com/alertbox/percent-text-read.html.

② Daniel D B, Woody W D. E-textbooks at what cost? Performance and use of electronic vs. print texts［J］. Computers & Education, 2013（62）：18-23.

③ Woody W D, Daniel D B, Baker C A. E-books or textbooks：Students prefer textbooks［J］. Computers & Education, 2010, 55（3）：945-948.

④ Chang P C, Chou S Y, Shieh K K. Reading performance and visual fatigue when using electronic paper displays in long-durarion reading tasks under various lighting conditions［J］. Displays, 2013, 34（3）：208-214.

应压缩至纸质文本的 50%。Mayer 等通过多媒体教材对 56 名心理学学生进行教学实验时也发现简短的文本(48 个单词)比较长的文本(600 个单词)学习效果要更好。许多证据表明,学习者不习惯从屏幕上阅读大量文本。①

因此,数字教材中的文本在数量呈现上要秉持着"少即是多"(Less is More)的原则,避免添加任何不支持教学目标的文本。有通过三种方式对数量进行控制以降低阅读过程中的认知负荷,第一,在一个页面的呈现中,应尽量避免出现大量的文本,将每页的文本量控制在一个合理的范围内。如果实在需要在同一个页面中呈现,可以采用滚动浏览的设计方式。第二,应尽量精简文本语句,只留下核心知识,概述呈现文本。尽可能删除文本中不必要的词语,② 例如过于华丽的描写和形容词,这些不必要的词汇会分走学习者有限的注意力,并让学习者的认知资源偏离核心知识,从而引发不必要的认知负荷。第三,以其他媒体形式进行替换和补充,只留下必要的解释性文本,而增加图像呈现的比重,实现言语表征和图像表征的互补,则可以减少学习者外在认知负荷,并促进深层的知识理解。

(3)简化文本表达

除了在数量上进行控制,数字教材中的文本还可以从格式表达和语法表达上进行简化。传统教材的文本在段落、篇章以及句法语法上都较为严谨,而在数字教材中,文本呈现可以采用"画面表达方式"③,即在保证知识信息准确传递和易读性的前提下,以更加碎片化和符号化的形式(例如短句、短语、关键词汇等)分布于屏

---

① Mangen A. Hypertext fiction reading:Haptics and immersion[J]. Journal of Research in Reading,2008,31(4):404-419.

② Guan Y H. A Study on the learning efficiency of multimedia-presented,computer-based science information[J]. Journal of Educational Technology & Society,2009,12(1):62-72.

③ 游泽清. 多媒体画面艺术设计(第二版)[M]. 北京:清华大学出版社,2013:127.

幕中，弱化文本的体积感，从而避免冗余，降低认知负荷。

　　另外，不同的媒体中也会产生不同的语言，网络媒体中孕育产生的网络语言已经形成了自成一派的语篇类型，有其独特的话语方式，具有娱乐和游戏的性质。① 而由于数字教材的受众多为数字原住民，他们长期活跃于网络社区之中，在屏幕文本的阅读中接触的多是此类网络语言，因而数字教材可以根据教学需求，适当地贴近网络中常用的语法表达，以便更有效率地传递知识信息。

（二）音频的类型与应用

　　相比于文字，声音媒体在教学历史中出现和应用得更早，最初的学习就是通过口口相传的方式进行的，在现代课堂中所采用的主要媒体也是声音和文本。在数字教材中，音频借助计算机技术亦占据了重要的地位，数字教材中的音频按照功能可分为叙述性音频和非叙述性音频。

（1）叙述性音频

　　叙述性音频以语言形式出现，大多是对知识的教授和解说。其能够直接吸引和保持学习者的学习注意力，促进学习者调用先前知识并组织信息，同时还能传递情感。② 正如韦恩（Winn）③所说，人类语言是表达教学信息最强的形式，因而数字教材中使用的大部分音频是叙述性音频。甚至有完全由叙述性音频构成的教材。但单纯的解说音频的表现力和传达力相对有限，适用于一些结构较为松散、叙事性较强的学习领域，以及较为休闲的学习目标。在更多情

---

　　① 施春宏. 网络语言的语言价值和语言学价值［J］. 语言文字应用，2010（3）：70-80.

　　② Aragon S R. Creating social presence in online environments［J］. New Directions for Adult & Continuing Education，2010，2003（100）：57-68.

　　③ Winn W. Diagrams as aids to problem solving：Their role in facilitating search and computation［J］. Educational Technology Research & Development，1991，39（1）：17-29.

况下，音频会与其他媒体相结合，例如配合图像媒体一并传达信息。这种音频加其他媒体的组合模式具有广泛性和实效性，几乎所有学科的数字教材能够采用这种模式进行内容呈现；且当音频与其他媒体类型结合使用时，会比其作为唯一媒体在传递信息上更有效。

尽管叙述性音频的适用范围很广，但滥用也会造成冗余，在以下场景下使用解说会达到事半功倍的效果。首先，当学习内容比较复杂，内在认知负荷较高时，音频叙述最有帮助。如果教学目标或内容相对简单，那么用文本媒体的学习效果与用音频来呈现的学习效果并没有太大差别。① 其次，当学习者先验知识较低，学习时容易认知过载的情况下，使用音频也会产生很好的效果。而当学习者在学习过程中水平和经验增加后，再通过音频媒体进行学习则会产生专家逆转效应，学习效果反而会下降。② 最后，当信息只需要学习者了解而不是需要在学习过程中反复参考时，采用音频媒体。因为音频是一种暂时的动态媒体形式，当学习者在学习过程中遇到需要反复查阅的知识内容，应当以静态的媒体形式提供。

(2) 非叙述性音频

非叙述性音频通过音乐和音效的形式呈现，用于营造氛围和传递感情，并激发学习者进行相关的联想。例如在天文学习数字教材 *Star Walk* 中，添加了空灵悠扬的背景音乐，传达出了宇宙的静谧神秘之感；又如在启蒙类数字教材《洪恩双语绘本》中，除了配合不同故事氛围添加的背景音乐，学习者在点击绘本中的图像时还可以听到对应的音效，例如点击汽车，就会出现汽车行驶、刹车的声音。背景音乐和音效能够增加教材的趣味性和娱乐性，同时也加强

167

① Leahy W, Chandler P, Sweller J. When auditory presentations should and should not be a component of multimedia instruction [J]. Applied Cognitive Psychology, 2003, 17(4): 401-418.

② Kalyuga S, Chandler P, Sweller J. Incorporating learner experience into the design of multimedia instruction. [J]. Journal of Educational Psychology, 2000, 92(1): 126-136.

了数字教材制作精良的印象，因而在目前数字教材的开发中被广泛添加，特别是在游戏化的数字教材中。

但不少实验发现，背景音乐和音效对学习有负面影响，甚至造成精神损害。① 尤其是当知识内容本身较陌生和困难，或当教材进行的速度不受学习者控制时，这类与知识不相关的音频增加了学习者的外在认知负荷。这个结论符合多媒体认知学习理论中的的一致性原则（Coherence Principle），因为这类音频从本质上来说与学习并不相关，是一种"诱人细节"，会侵占学习者有限的认知资源，干扰学习者的学习进程。但其能够在一定程度上吸引学习者兴趣，提高学习者的学习体验，可以考虑在知识复杂度较低，以及学习者先前知识较高的情况下作为调剂适量使用。

（三）静态图像的功能与使用

图像是指添加到教材中的一种非文本元素，包括静态图像（照片、插图、线条、图形）和动态图像（动画、视频和虚拟现实等），它们是知识内容的形象化表达（Iconic Expressions）。

（1）图像在教材中的功能

在教材中，图像主要有 7 种功能，如表 5-3 所示。其中，装饰功能是指为了审美效果而存在的图像，例如装饰性的底纹、花纹。具象功能则是指图像能够现实地呈现一个物体，例如照片能够实现文字无法达到的介绍效果。记忆功能强调图像可以发挥助记符的作用，例如在背单词时配上相应的图像帮助学习者记忆。组织功能表现内容间的定性关系，例如树状图、主题组织图等。关系功能是指图像可以表示两个或多个变量之间的数量关系，可以通过饼状图、条形图来呈现。转换功能是指图像能够描述对象随着时间或空间变

---

① Bishop M J, Amankwatia T B, Cates W M. Sound's use in instructional software to enhance learning: A theory-to-practice content analysis[J]. Educational Technology Research and Development, 2008(56): 467-486.

化而改变的过程，例如种子萌发的延时动画或者系列插图。解释功能是图像阐明无形的理论、原则或因果关系的功能，例如通过动画呈现分子运动。

表 5-3　图像的功能类型①

图像功能	描　　述
装饰功能（Decorative）	为审美情趣或幽默而增加的视觉效果
具象功能（Representational）	以现实的方式描绘一个物体
记忆功能（Mnemonic）	为事实信息提供检索线索
组织功能（Organizational）	表现内容之间的定性关系
关系功能（Relational）	显示两个或多个变量之间的数量关系
转换功能（Transformation）	描述对象随着时间或空间变化
解释功能（Interpretive）	阐明一种理论、原则或因果关系

从上述功能描述中我们可以看出，相比于文本，图像媒体的突出优势体现在其呈现空间信息（Spatial Information）和程序性信息的能力。例如在描述地理位置这类空间信息时，文字通常需要大量的语言来描述，但要完全理解仍然很困难，而图像则可以清晰简洁地表达，减少不相关的精神负荷。程序性信息例如物品组装信息，可以通过几个关键步骤的图像快速地传达，而通过文本呈现则会消耗学习者大量认知资源。

（2）数字教材中静态图像的特征

静态图像（Static Imagery）是在数字教材中应用最为广泛的图像类型。这是一种平面媒体，又称为图片。相比于传统教材，数字教

---

① Clark R C, Lyons C. Graphics for learning, proven guidelines for planning, designing, and evaluating visuals in training materials（2nd ed.）［M］. San Francisco：Pfeiffer，2011.

材使用图片更频繁，不仅使用了大量的插图照片，还包括图形的大量使用。从特征上看，相较于传统教材，数字教材中的图片色彩更丰富。事实上，很多研究也表明，使用图形的教材比仅使用文本的教材让学习者感觉更有趣，① 数字教材可以通过色彩、图形等来激发初学者的学习兴趣。

(3) 数字教材中静态图像的使用

尽管图片有诸多促进学习的功能，但并不是在任何情况下不加区别地使用图片都能达到正面效果，图片功能和价值的实现受到其自身属性和学习者先验知识差异的综合影响。

从图片自身属性来说，不合适的图片很多时候只是增加了视觉"噪音"，这种噪音主要来自两个方面。其一，图片只具备装饰性功能，和需要学习的知识并无关联。这类装饰性图片非常容易分散学习者的注意力，尤其是对于处理信息能力较低的学生来说更容易形成认知负荷超载。

其二，图片虽然有知识相关，但太过复杂，细节太多，也可能会在一定程度上淹没关键学习信息。这些与目标知识不相关的图片或图片细节会分散学习者的注意力，让学习者有限的注意力从相关材料转向不相关材料，会引发学习过程的中断，使学习者在建立知识联系的过程中受到这些不相关信息的干扰，甚至将这些不相关的信息误以为是重要信息而被吸收和记忆。因此，在数字教材的媒体呈现组织过程中，需要尽量减少"花瓶"图片的使用，具有教学作用的图片也应减少复杂表面特征，以更加简单明了的绘制风格进行呈现，例如，抽象线条表达可能比逼真的 3D 图像或照片更有效。

而从学习者先验知识角度来说，图片的添加也具有专家逆转效应。视觉对低先验知识学习者的益处最大，对于专家来说，过多图

① Moreno R, Ortegano-Layne L. Do classroom exemplars promote the application of principles in teacher education? A comparison of videos, animations, and narratives [J]. Educational Technology Research & Development, 2008, 56 (4): 449-465.

片会抑制他们的学习。从学习积极性上来说也是如此，拥有更丰富多彩的图片材料的数字教材会让最初知识水平较低的人更积极地参与学习，但会削弱那些先前水平较高的人的兴趣和参与度,① 这可能是由于大量的图形色彩会给人一种简单和随意的感觉。因此，在对图片媒体进行组织的时候，应考虑目标受众的先验知识，投入更多的时间和精力在教授初学者的课程的图片媒体设计上，而在针对先前知识水平较高的学习者的教材中谨慎地使用图片。

(四)动态图像的特征与使用

动态图像是目前非常流行的媒体形式，因为它可以描述变化和运动，是一种活跃的媒介。动态图像与静态图像同属于图像媒体，因而在教材中的功能有很多相同点。许多适用于静态图像的多媒体呈现原则也适用于动态图像。例如适当添加都可以吸引学习者的学习兴趣，提升学习体验，都具有专家逆转的特征，即先前知识较低的学习者更能从动态图像的学习中获益。② 那么，两者孰优孰劣，是否可以互相替代就成了值得探讨的问题。

(1)动态图像与静态图像

大量研究表明，当知识可以被一系列静态图像良好呈现时，使用动态图像并不会更有效。这可能是由于图片媒体允许学习者自定步调地进行认知处理，而对于动态图像，学习者较难控制呈现的速度和顺序，很容易陷入被动学习，即不动脑地浏览。此外，动态图像以一种短暂的方式存在，以一种转瞬即逝的方式传递大量信息，

① Durik A M, Harackiewicz J M. Different strokes for different folks：How individual interest moderates the effects of situational factors on task interest［J］. Journal of Educational Psychology, 2007, 99(3)：597-610.

② Schnotz W, Rasch T. Enabling, facilitating, and inhibiting effects of animations in multimedia learning：Why reduction of cognitive load can have negative results on learning［J］. Educational Technology Research and Development, 2005, 53(3)：47-58.

根据认知负荷理论，这样很可能带来大量的外在认知负荷。相比之下，一系列的静态图像并不会增加额外的认知负担，因为学习者总是可以回顾之前的图像。

尽管如此，但有些知识类型仍然更适合用动态图像呈现，例如数据结构和算法知识。这类知识用文本和静态图像很难理解，因为其中大量内容是算法的动态演变过程，包括随着时间的推移它们对数据结构的影响。而利用动态算法可视化（Algorithm Visualizatio）的图像则能较好地表现这个过程。这是因为通过动态图像学习和通过静态图像学习的生理机制是不同的。学习心理学家发现，人脑中存在一个镜像神经元系统（The Mirror Neuron System），这个区域会在人看到活动画面时被激活，这个系统可能是观察性学习（Observational Learning）有效性的基础。① 也因此，在学习程序性和技能性知识时，动态图像会比静态图像在促进学习表现上更有优势。艾尔斯（Ayres）等②录制了无声视频和制作了一组包含42张关键步骤图片的静态图像来教学习者如何打结，结果发现，动画组的正确率更高，完成时间更短。其他关于折纸教学、完成拼图以及执行装配任务的实验也得到了类似的结论。③

相比之下，当学习内容涉及概念理解和事实记忆时，静态图像更加有效，动态图像则更适合于程序运动技能的教授和学习。在功能上，静态图像能发挥的教学功能更加全面，动态图像则能更好发挥转换性功能和解释性功能，特别是帮助学习者感知抽象概念。动态图像能够减慢或加速现实的过程，例如植物发芽的延时视频可以

---

① Gog T V, Paas F, Marcus N, et al. The mirror neuron system and observational learning: Implications for the effectiveness of dynamic visualizations [J]. Educational Psychology Review, 2009, 21(1): 21-30.

② Ayres P, Marcus N, Chan C, et al. Learning hand manipulative tasks: When instructional animations are superior to equivalent static representations [J]. Computers in Human Behavior, 2009, 25(2): 348-353.

③ Marcus N, Cleary B, Wong A, et al. Should hand actions be observed when learning hand motor skills from instructional animations? [J]. Computers in Human Behavior, 2013, 29(6): 2172-2178.

让学习者非常直观地感受这一过程，获得一种知识体验。但总的来说，大多数情况下在数字教材中使用能够控制学习进度的静态图像，会比动态图像能更加有效地促进学习。

（2）数字教材中动态图像的组织

不过目前，动画媒体在数字教材中广泛存在，学习者也十分喜爱和习惯透过这一媒体形式进行学习，大量地减少动态媒体并不现实。为了弥补动态图像短暂性带来的高认知负荷风险，可以通过对动态图像进行分割和增加动态图像的交互控制性的方式来扬长避短。

对动态图像进行分割，将其分成知识容量更小、更易处理的小块。这种方法的基本原理是它允许学习者在认知不超载的情况下对自己的认知处理过程进行管理，这也符合多媒体认知学习理论中的分割原则（Segmentting Principle）。在分割的动态图像中，学习者每次只接收少量的内容，这会减少动画媒体形式对学习者特别是初学者所带来的认知负担。

增加动态图像交互性也是相似的原理，即增加学习者对于认知过程的控制。例如让学习者可以停止、回放、倒转视频，以及改变视频的速度，来促进更深层次的学习。而当学习者为初学者，自身水平不足以有效控制自己的学习认知过程及做出学习决策时，数字教材设计者可以给予学习者一些必要的辅助，例如将动态图像和静态图像结合起来，把动态图像中的关键帧截取下来，创建一系列静态图像留给学习者回看和查阅，或定期在动态图像中选择关键时机添加一些静止帧，帮助学习者加深印象，促进学习的深入。

▤三、内容呈现的媒体组合方式

在数字教材的实践中，使用单一媒体形式来呈现内容的情况是比较少见的，大多采用两种或两种以上的信息编码形式，同时作用于两个感觉通道来进行内容呈现，即多媒体内容呈现。① 在传统教材中，其用于呈现内容的主要媒体形式只有文字和静态图像两种，呈现载体又是简单的平面印刷载体，媒体组合方式有限。相比之下，数字教材中不仅存在着各式各样的新型媒体形式，例如动画、音频、增强现实和虚拟现实等，再加上其存在时间和空间的维度，媒体组合方式不胜枚举。这就引出了一个问题，数字教材中的多媒体具体应该如何组合才能促进学习？本部分就这个问题，从通道组合、空间组合和时间组合三个方面对数字教材内容呈现的媒体组合方式进行探讨。

（一）视听组合呈现

数字教材提供给学习者的是一种多媒体学习体验。多媒体学习又被称为双编码（Dual-code）或双通道（Dual-channel）学习，即学习者同时用视觉通道模式和听觉通道模式，同时使用语言模型和图像模型来加工和处理信息的过程。正如我们在第二章中提到的，学习者主要有视觉（眼睛）和听觉（耳朵）两个通道，可以分别对视觉信息（文本、图片）和声音信息（音频解说）进行编码。当语词以屏幕上显示的（On-screen）文本形式与图像组合呈现时，内容只通过视觉单通道进行呈现，当语词以口语文本，即以语音形式呈现的文本与图像组合呈现时，则是双通道的内容呈现，而当语词以文本和语音形式同时出现并组合图像时，就有可能在通道中出现通道信息冗余。本部分从这三种情况出发对数字教材内容的媒体呈现进行探讨。

（1）单通道呈现

单通道呈现主要指使用文本和图像媒体进行内容呈现，语言信息和图像信息均通过视觉这一通道进行处理，这种状况下的认知活

① 胡卫星. 动画情境下多媒体学习的实验研究［D］. 沈阳：辽宁师范大学，2012.

动如图 5-1 所示。单通道呈现方式通常表现为文本与图片的组合，例如带有文字的图表、带有字幕的动态画面，这些信息都通过视觉的感官通道进入工作记忆，经过图像处理过程后分别形成互相联系的语言模型和图像模型。

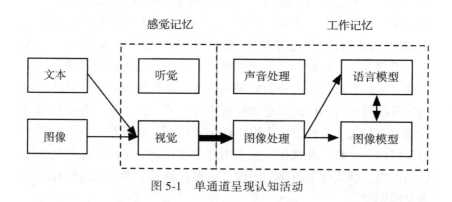

图 5-1　单通道呈现认知活动

　　根据教育学领域的最成熟的学习原理之一多媒体认知原则（Multimedia Principle），图像与文本媒体组合呈现内容的方式比使用单独文本媒体和单独图像媒体呈现更有利于学习。① 这是因为当文本和图像共同呈现时，学习者可以形成语言模型和图像模型，并在两个模型间建立联系，形成了一个更综合的认知表征，在与先前知识照应结合的过程中可能对知识的理解会更多更深入。在只有文本没有图片的情况下，学习者只能建立语言模型，对于需要学习的内容难以建立起直观画面感受，特别是涉及技能知识的时候；而没有文本的图像通常只具有具象性的功能，只能让学习者建立起图像模型，只有配上相关文字说明后才能获得解释性功能，能够显示关系，帮助学习者建立联系，推导出更深层的结论。

175

　　而这种媒体组合对于初学者的学习帮助比对于专家来说更加显著。例如中国书画艺术学习教材《中华珍宝馆》中，以呈现实物的

---

① 理查德·梅耶. 多媒体学习［M］. 牛勇，邱香，译. 北京：商务印书馆，2006：81.

高清水平展示了从晋代到当代的海量中国书画作品。教材中的图像纤毫毕现、色彩准确，带来了直观的艺术震撼。对于专家来说，他们已经拥有了相当丰厚的传统艺术知识，通过更细致地观察艺术作品即可获得新知。但对于初学者来说，要想学习传统书画的相关知识仍然是没有头绪的。该数字教材的编写人员也意识到了这一点，正在完善相关的文字资料。其中，在赵伯驹的《江山秋色图》下方，学习者可以自行选择是否点开"介绍"按钮，获取该画的尺寸、作者、馆藏等基本资料，以及相关的艺术知识。对于初学者来说，这样的文字信息可以帮助他们加深对这个作品的学习理解。另外，促进学习的效果与图像的质量也是密不可分的，并不是所有类型的图像都能够与文本结合发挥多媒体认知效应。① 根据上一小节中对于图像媒体的分析，在选择与文本组合呈现知识的图像时应避免装饰性图像以及诱人细节过多的图像，而多选择具有学习功能性和指导意义的图像。

同时，我们也可以发现这种媒体组合方式有一定的局限性，因为文本和图像都需要通过视觉通道，学习者要在这两种视觉媒体形式间进行平衡，这样很容易造成视觉通道上认知负荷过大的情况。因此，在进行媒体呈现组织时，应当注意结合教学目标、知识复杂程度以及学习者先验知识水平，在学习者认知负荷可控的范围内应用。

（2）双通道呈现

如上文所述，当学习者必须同时处理图像和与之相关的视觉文本时，尤其是当文本和图像同时以快速的速度呈现时，他们的视觉通道可能会超负荷。对学习者来说，文本形式是相对熟悉的，而图像形式一般是陌生的，在认知负荷较大的情况下，学习者会倾向于以文字为导向而忽略图像内容，图像的教学功能也就无法发挥。

为了协调图像和文本带来的认知负载，最小化视觉通道中的认知负荷，一种有效的方法是将知识内容分散到工作记忆的两个存储

---

① Sung E, Mayer R E. When graphics improve liking but not learning from online lessons[J]. Computers in Human Behavior, 2012(28): 1618-1625.

通道——视觉通道和听觉通道中，也就是双通道呈现，如图5-2所示。相比于单通道呈现，学习者可以释放出更多的认知资源来处理视觉通道中的信息。① 文本以口语形式呈现，通过听觉感觉记忆，进入工作记忆的声音处理模式，最后形成语言模型。图像则通过视觉感觉记忆，进入工作记忆图像处理模式，形成图像模型，与语言模型整合形成连贯的理解，并建立一个新的图式。根据双重编码理论，在这种学习者有多种渠道对信息进行编码的情况下，学习会更加深入，这也符合认知负荷理论中的通道效应（Modality Effect）。对于特定的条件，例如当学习者先前知识较低，工作记忆能力较差。当学习过程是系统控制而非学习者自定步调时，通道效应的作用会更强。②

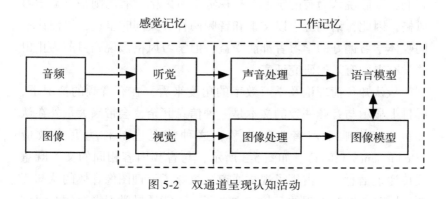

图 5-2　双通道呈现认知活动

但也有两种情况，通道效应可能会受到影响。首先是当涉及通过语音无法明白的语句（如专业术语、陌生语汇、新创词汇、非母语词汇等）以及学习者需要在学习过程中不断参考的语词内容时。

---

① Schmidt-Weigand F, Kohnert A, Glowalla U. A closer look at split visual attention in system-and self-paced instruction in multimedia learning[J]. Learning and Instruction, 2010, 20(2): 100-110.

② Schüler A, Scheiter K, Rummer R, et al. Explaining the modality effect in multimedia learning: Is it due to a lack of temporal contiguity with written text and pictures? [J]. Learning and Instruction, 2012, 22(2): 92-102.

这时可以通过留下在屏幕中显示的文本用于支持学习者记忆。其次是当音频内容流太大时，由于音频的瞬态性，学习者如果错过了音频流的一部分，就无法理解后续的内容，也可能会丢失一些关键信息。而频繁地倒回去听也会增加不必要的认知负荷。这时，可以通过分割内容过于丰富的音频，将其分割成学习者更容易控制的小段，以便其保存在听觉记忆中。

（3）避免冗余

目前，有很多的数字教材同时使用重复内容的音频和文本来与图像媒体组合。这一方面是为了吸引学习者注意和使用，增强了学习体验的趣味性；另一方面也在一定程度上受到了学习风格假说的影响，该假说认为有的学习者是视觉学习风格，有的则是听觉学习风格，因此，语词应当以文本和音频两种方式同时呈现，以便让不同媒体学习偏好的学习者都能受益，但学习风格假说到目前为止也并没有得到有效的研究证实。

从认知负荷理论及学习效率的角度来看，在有音频的情况下，屏幕上显示与音频一致的文本是一种信息冗余，会带来大量外在认知负荷，影响学习者学习进程，这种情况也被称为冗余效应（Redundancy Effect）。如图 5-3 所示，与音频内容相同的文本既重复传递了信息，又占用了视觉通道，抢夺了处理图像媒体的认知资源。同时，同时出现的音频和文本还有可能诱导学习者对两个媒体的内容进行比较，而浪费认知资源。

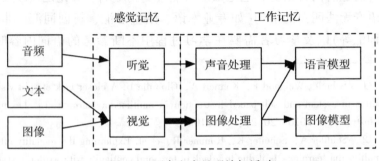

图 5-3　冗余文本呈现认知活动

这种文本冗余在视频动画类的数字教材中比较常见，常常以字幕的方式出现。为了避免冗余效应带来的负面影响，可以通过去除、折叠以及精练三种方式对冗余文本进行处理。首先，可以直接将冗余文本或音频去除，只留下一种媒体形式呈现信息。其次，可以将文本折叠，即让学习者在需要时查看和参考。例如在某体育健身教材中，虽然相关知识内容有音频和文本两种媒体呈现方式，但文本内容一直折叠于视频动画下方，当学习者对某些动作细节有困惑需要再次学习时，可以自行打开查看和学习。最后，可以对音频内容进行精练，提取其中关键词或指出重要节点，以屏幕文本形式同时呈现。在这种情况下，因为文本内容较短，所以并不会造成视觉通道大量认知资源的占用，还具有"信号"作用，有利于学习者对于知识内容的把握。

但也有一些情况，增加冗余文本并不会妨碍学习，甚至有利于学习效率的提升。第一，在没有图像媒体介入的情况下，视觉通道负载就会相应较小，此时加入与音频相同的文本并不会有增加认知负荷的风险。第二，当学习者有足够的认知资源来处理图像信息时，增加冗余文本也不会产生危害。例如在一些针对儿童的启蒙绘本中，既有音频朗读，也有匹配的文字，同时还配合了具有交互功能的装饰性插图。第三，在学习外语，特别是理解口语方面，音频比文本需要学习者付出更大的认知努力，因而增加相应的屏幕文本可以说是必要的。①

(二) 时空组合呈现

在上文关于通道组合呈现的讨论中我们可以看出，有意义学习的关键认知步骤是将通过听觉和视觉通道的知识分别构建为语言模型和图像模型，并在两个模型间建立起链接，形成图式整合到长期记忆中。然而，并不是只需在内容呈现上组合了图像和音频（或文

179

---

① Mayer R E, Lee H, Peebles A. Multimedia learning in a second language [J]. Applied Cognitive Psychology, 2014(28): 653-660.

本)媒体就能有效促进学习，当媒体组合呈现方式不符合人类的学习认知规律时，不仅不利于模式的形成和整合，还会给学习者带来沉重的外在认知负荷，阻碍学习过程。因而，本节基于数字教材内容呈现的空间和时间维度，探讨多媒体组合促进学习的作用条件。

（1）空间组合呈现

认知负荷理论中的注意力分散效应（Split-Attention Effect）指出，当文本和图像组合呈现内容时，应在空间上邻近或加以整合。这是因为当文本和图像在空间上距离较远时，学习者不得不付出一些额外的努力，浪费他们有限的认知资源对文本和图像进行匹配处理，寻找它们之间的关联和意义。而整合的文本和图像能够消除这种不必要的信息处理过程，允许学习者更专注地理解材料，在工作记忆中同时处理图像和文本。① 结合梅耶等②的总结和对目前数字教材的观察，我们提出了6种常见的引起注意力分散的教材媒体呈现情况，如表5-4所示。

表5-4　数字教材中常见的空间分散呈现

空间分离类型	描　　述
图例内容与图像分散	图像中的关键元素编号，在屏幕底部或一侧的图例包含每个编号元素的名称，学习者必须在数字和图例之间反复浏览
图像与解释文本分散	解释文本远离相关图像，通常位于屏幕底部，学习者需要上下扫视
滚动屏幕分散	在滚动屏幕中，当学习者向下滚动查看图片时，文本不可见，而向上滚动查看文本时，图像不可见

① Schroeder N L. Cenkci A T. Spatial contiguity and spatial split-attention effects in multimedia learning environments: A meta-analysis [J]. Educational Psychology Review, 2018, 30(3): 679-701.

② Clark R C, Mayer R E. E-learning and the science of instruction, proven guidelines for consumers and designers of multimedia learning, the 4th edition[M]. Wiley, 2016: 146-147.

续表

空间分离类型	描　述
链接内容分散	超文本链接内容指向一个新的窗口或页面，或覆盖了原本的页面，导致学习者需要同时处理前后页面的内容
问题(练习)与解答(反馈)分散	为了避免学习者直接看到答案。练习和解答在空间上常常设置较远距离，学习者不得不来回查阅
指导(展示)与练习(实践)分散	练习指导与将要在其上执行操作的屏幕分开，常见于软件使用教材中

其中"图例内容与图像分散"和"图像与描述文本分散"最为常见，这两种情况也常常产生重叠。以 Openstax 平台中的化学数字教材 *Chemistry：Atoms First* 中的一页为例(图 5-4)，在这里教材使用了四张编号图片和四条相应编号的描述文本来介绍物理与化学反应。其中，图片和文本在孤立学习时都是不可理解的，只有两者结合才能够让学习者理解要学习的完整内容。即如果没看到文本中对图(c)的解释"(c)烹调红肉会引起许多化学变化，包括肌红蛋白中铁的氧化，导致熟悉的红棕色变化"，学习者是无法理解图(c)要传达的化学知识的，反之亦然。然而，该页面中图像内容和文本内容在物理空间上是分开的，学习者在学习时视觉不得不在图像和文本间来回移动，① 试图协调两个不同的信息源，由此学习者的学习过程面临持续中断的风险。且为了处理无关的、相互作用的元素，工作记忆资源很可能无法集中用于构建图式，从而导致了无意义的学习。② 这种情况可以通过直接将文本整合嵌入图表中，或通过线条连接布局在图片邻近处实现整合(图 5-5)。

① Ayub M S M, Talib O, Siew N M. The perceptions of users regarding multimedia principles in mobile-based japanese language learning〔J〕. Turkish Online Journal of Educational Technology. 2018, 17(3)：113-124.

② Hidayat N, Hadi S, Basith A, Suwandi S. Developing e-learning media with the contiguity principle for the subject of autocad〔J〕. Jurnal Pendidikan Teknologi dan Kejuruan, 2018, 24(1)：72-82.

Figure 1.20 (a) Copper and nitric acid undergo a chemical change to form copper nitrate and brown, gaseous nitrogen dioxide. (b) During the combustion of a match, cellulose in the match and oxygen from the air undergo a chemical change to form carbon dioxide and water vapor. (c) Cooking red meat causes a number of chemical changes, including the oxidation of iron in myoglobin that results in the familiar red-to-brown color change. (d) A banana turning brown is a chemical change as new, darker (and less tasty) substances form. (credit b: modification of work by Jeff Turner; credit c: modification of work by Gloria Cabada-Leman; credit d: modification of work by Roberto Verzo)

图 5-4　物理与化学反应图

资料来源：截图于 *Chemistry：Atoms First* 数字教材。

Copper nitrate and brown, gaseous nitrogen dioxide.

或

图 5-5　整合的图像与解释

文本上滚动屏幕以及超链接内容导致的空间分散现象的出现，则常常是由于图像过大或文本内容过多，在原本页面中难以整合呈现。例如社会科学领域的数字教材 *American Government* 在关于"财政分配"的课程中，介绍了美国各州燃油税占税收总比例的情况（见图5-6），由于图像列表过长，学习者要对比顶端的南达科他州和底端阿拉斯加州的燃油税占比情况都需要上下反复滚动屏幕，更别提在与解释性文本进行比对时需要反复滚动查阅了。在这种情况下，如果在图像中整合大量的文本，教材会显得非常杂乱。为了在避免拥挤的情况下对文本和图像进行整合，一方面可以在提供分离的图像和文本的同时，通过将图像或文本分割成更小的内容块加以整合，供学习者分别消化；另一方面可以先将图像隐藏起来，采用空间叠加的弹出式设计，例如在解释性文本附近设置弹出按钮，当学习者需要参考图像时，即会弹出可移动的相关图像，这种方式不仅有利于学习者提高学习效果，① 还给予了学习者更多的控制权。

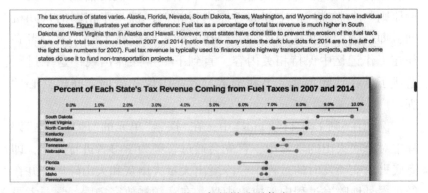

图 5-6　美国各州燃油税信息

资料来源：截图于 *American Government* 数字教材。

---

　　① Crooks S, White D, Srinivasan S, et al. Temporal, but not spatial, contiguity effects while studying an interactive geographic map［J］. Journal of Educational Multimedia & Hypermedia, 2008, 17(2): 145-169.

除了上述情况之外，还有几种情况也值得注意。首先是要避免问题(练习)与解答(反馈)之间产生较远的空间距离，因而学习者不得不来回查阅。这可以通过将答案暂时隐藏的方式解决，例如在心理学数字教材 *Psychology* 中，课程结尾的批判性思考问题板块，为了避免学习者直接看到答案而将答案文本折叠。学习者可以通过"Show Solution"或"Hide Solution"对参考答案进行控制。其次，要避免指导(展示)与练习(实践)分散，这种情况在早期的软件学习教材中比较常见，但随着技术进步已经在一定程度上有所改进。

(2)时间组合呈现

与传统教材不同，数字教材中有音频动画等动态媒体，因而其媒体组合还具有时间的维度，即数字教材内容呈现必须决定在时间序列中何时播放以及何时结束音频或动态图像。根据多媒体认知学习理论中时间邻近原则(Temporal Contiguity Principle)，呈现某一内容的音频(解说)应该与呈现这一内容的图像同时播放。时间邻近原则与上面描述的空间邻近原则很相似，都基于相同的认知机制，即当图像和描述图像的音频在时间上距离较大时，学习者必须在工作记忆中保持相关内容，直到下一个媒体出现，这个过程造成了外在认知负荷，不利于学习者在图像和语词之间建立心理练习。

例如在《阿 U 学科学 kids》中，在"探索"单元的"地球万象"课程中对海底火山的学习中，首先会通过音频为学习者进行介绍，即海底火山在喷发时的过程中会冷凝出大量火山灰和火山碎屑，并在经年累月地喷发过程中形成火山岛。在音频播放完之后，学习者可以通过点击岩浆触发动画，观看海底火山喷发及堆积成长的过程。然而，知识解说音频是一次性的，学习者在听过之后就无法再调出解说，而动画却在音频之后出现。因而在听叙述讲解时，学习者需要将听到的所有相关的知识保留在工作记忆中，并在其后将每个知识点与动画对应的片段进行匹配。而这一过程显然会给学习者带来很大的认知负荷，可能导致其无法参与有意义学习所需的其他认知过程。

这种"继时呈现"的方式显然与人类认知学习方式相冲突，它既没有利用人们可在视觉和听觉双通道同时加工信息的能力，也没有考虑人类工作记忆容量的限制。因此，在呈现某一知识内容，特别是较为复杂的内容时，① 应让语言和图像在时间上保持同步。

四、数字教材内容线索的呈现

数字教材比传统教材拥有更丰富的媒体表达，更多技术应用和更新的功能表现，但随之而来的也是更高的注意力分散风险。在数字教材使用和学习过程中，学习很者有可能迷失在大量媒体效果当中，因此，能够表明教材内容重点的内容线索就十分关键，特别是在学习的开始阶段，内容线索能够对学习者起到重要的引导作用。

内容线索是教材中表现内容结构与内容相关性的元素（例如标示、色彩等），能够引导用户注意力，帮助学习者消化和整合学习内容，其重要性在数字媒体环境下愈发凸显。合理的内容线索设置能有效提升数字教材的内容呈现效果和用户体验。②

（一）内容线索的属性、作用机理与类型

（1）内容线索的属性

迈克尔·巴斯卡尔在《内容之王》一书中认为内容和框架这个补充性概念是密不可分的。框架是内容及其参与者以及主观经验模式的发行和呈现机制，是对在内容呈现方面彼此联系的概念、物质

185

---

① Ginns P. Integrating information：A meta-analysis of the spatial contiguity and temporal contiguity effects［J］. Learning & Instruction，2006，16（6）：511-525.

② 王钰. 基于内容线索的数字教辅内容呈现策略［J］. 中国编辑，2021（10）：72-76.

以及非物质要素所组成的集合的一种简称。① 因此，框架是内容的"容器"，我们是通过框架来体验内容的，即体验的是一个"框架—内容"的整体。例如，纸质书的框架由纸张、印刷技术、墨水等要素构成，电子书的框架由屏幕、代码、软件等要素构成，它们在呈现同样一份长篇文字内容时，带给用户阅读体验和阅读方式是不同的。

本书中探讨的内容线索这一概念，是"框架—内容"整体中框架部分的一个要素。内容线索不会对教材知识内容本身进行增加、删减或修改，而是通过改变内容的视觉、听觉属性来调整内容呈现方式，引导和分配用户对于教材知识内容的注意力，从而改变"框架(内容线索)—内容"给用户带来的内容理解和体验方式。

而从出版过程来看，教材的原材料内容无法直接到达用户，需要教育出版商为其选择和构建相应的呈现框架，再进行销售和消费。因此，构建呈现框架是提升教材整体学习体验的内容加工过程。从这个角度来看，作为呈现框架要素之一的内容线索可以被理解为出版商在编辑出版过程中所生产的教材"附加内容"。

(2)内容线索的作用机理

内容线索可以作用于认知学习的各个阶段，以提升用户的学习效率。根据多媒体学习认知理论，用户接触教学材料时，首先通过视觉和听觉这两个编码通道来选择信息，其次经由感觉记忆传输到工作记忆中进行组织，最后结合已有的先前知识整合成一个连贯的心理模型(Mental Model)并储存于长时记忆中。也就是说，用户认知过程需要经历三个环节，分别是信息的选择、信息的模式组织以及信息的整合。在信息选择阶段，内容线索能通过吸引用户的注意力，为教材内容分配顺序和重点，使大量内容有序地进入工作记忆等待进一步的处理。而通过将用户的认知资源集中在与学习目标相关的内容上，内容线索减少了用户进行视觉搜索和定位相关信息过

---

① 迈克尔·巴斯卡尔. 内容之王：出版业的颠覆与重生[M]. 赵丹，梁嘉馨，译. 北京：机械工业出版社，2017：98-101.

程中认知资源的浪费，从而释放更多的认知资源投入更相关的学习认知活动中，增加了相关认知负荷，提高了信息组织和信息整合过程的效率。梅耶（Mayer）等也由此提出内容线索效应（Cueing Principle），即在多媒体学习材料中，添加引导用户的内容线索时，用户的学习效率更高，学习效果也更好。①

（3）内容线索的类型

根据内容线索在认知环节中的功能和作用，可以将其分为三类。其一，作用于信息选择环节和感知层级，用以引导用户关注特定内容，帮助用户进行信息的选择和提取的线索，例如字体加粗、颜色强调等。其二，作用于信息组织环节和认知层级，用以揭示内容结构，帮助用户理解和把握内容的组织架构的线索，如单元、主题等结构组织。其三，作用于信息整合环节和认知层级，帮助用户理解内容间的相关关系，促进用户整合内容要素的线索。

而从媒体形式上来看，内容线索可以分为静态线索、动态线索和交互线索。静态线索是固定不变的内容线索，动态线索是随着时间或位置变化而变化的内容线索，交互线索则是根据用户行为变化而变化的内容线索。传统纸质教材中的内容线索通常以静态文字或图形（图像）形式存在，经由视觉通道起作用。例如强调符号（如划线）、文字指令（如"请看右图"）以及图形指示（如箭头符号）等，表现形式相对单一且简单。相较之下，数字教材中的内容线索则能通过视觉和听觉双通道表现，一方面具有更高的媒体丰富性，能够以声音、动画、视频等形式呈现，另一方面多媒体的融合与丰富的互动机制也让内容线索的形式更加复杂，并对用户产生更多层次的影响。

本书通过对现有数字教材进行考察，结合内容线索的功能分类和媒体形式分类，从编辑视角出发提出数字教材中的3类主要内容线索，分别是指示线索、隐喻线索和社交线索（表5-5）。其中，指

187

---

① Mayer R E. The Cambridge handbook of multimedia learning[M]. 2nd ed. New York：Cambridge University Press，2014：183-200.

示线索是数字教材中引导用户视觉或听觉方向的要素，在认知过程的信息选择环节起作用，大多通过静态和动态形式表现；隐喻线索是数字教材中将陌生内容进行熟悉化呈现的相关要素，其隐喻对象通常是教材内容的结构和关系，因而主要作用于认知过程的组织和整合环节，具有静态、动态和交互三种媒体形式；社交线索则是数字教材中模拟社交过程的相关要素，通过激活用户的社交反应，增强用户学习动机，提高其主动认知加工水平，即促进用户更努力地选择、组织和整合内容，能够全面提升认知过程。① 社交线索包括类人的动作、人声、对话方式等，主要以动态和交互形式为主。

表 5-5　数字教材内容线索的类型

内容线索类型	描述	功能	形式
指示线索	用以引导用户注意的要素	引导内容关注	静态、动态
隐喻线索	陌生内容熟悉化呈现的要素	揭示内容结构；强调内容关系	静态、动态、交互
社交线索	模拟社交过程的要素	引导内容关注；揭示内容结构；强调内容关系	动态、交互

（二）基于指示线索辅助用户遴选信息

指示线索是指在不改变学习内容的情况下，用以引起用户注意的视觉或听觉要素，这也是数字教材中最常见的一种线索类型。由于人类的工作记忆（Work Memory）系统容量非常有限，用户在一定

---

① Kramer N C, Bente G. Personalized e-learning: The social effects of pedagogical agents[J]. Educational Psychology Review, 2010(22): 71-87.

时间内只能将注意力集中在一小部分元素上,① 因而对于用户宝贵且有限的注意力资源而言,避免其低效配置和浪费就显得十分重要。通过合理设置数字教材的指示线索,可以有效将用户的注意力引导到特定内容上,设定内容关注的顺序,为重要性不同的内容分配相应的注意力资源,从而提升学习效率。指示线索引导用户注意力的效果取决于该线索与其他元素的对比水平,包括视觉空间对比和动态对比两个方面。一方面,在一组属性相同的元素中,一个元素如果被赋予了独特的视觉特征(例如不同的大小或颜色)则会在视觉上显得突出;另一方面,如果一个元素打破了时间连续性,随着时间变化而变化,与其他元素建立起"图形—背景"的相互关系,就会产生动态对比以吸引用户的注意力。根据指示线索应用的范围,本书将其分为文本指示线索和图像指示线索两种类型,并分别展开具体分析。

(1)文本指示线索的设置

文本指示线索是指基于语言或文本对用户注意力进行引导的线索,包括静态形式与动态形式,可以通过建立指向、文本组织、语调区分和颜色凸显等方式进行设置。

建立指向是指通过设置线索引导用户的视线和注意顺序,可以通过文字叙述(如"见左图""见下页"等)直接指示用户视线的转移,也可以通过线条、箭头等符号带领用户视线进行移动。文本组织主要是指为文字设置字体、字号以及文字符号等差异标识,例如不同标题按级别选择字体和字号,通过下划线、波浪线、着重符号等来对重要内容进行强调,从而按照内容的重要性和层次分配用户注意力。

语调区分则是通过添加声音、调整声音的大小、语调或停顿来吸引学习者注意力的线索。例如一些语言类数字教材会通过重复朗读或加大音量来强调某一学习内容,或者通过不同的语调,如机器

189

---

① 斯坦尼斯拉斯·迪昂. 脑与意识[M]. 章熠,译. 杭州:浙江教育出版社,2018:94-103.

模拟人声和真人朗读来区分不同类型的内容。

颜色凸显是指通过突出字体颜色或文字底色来为学习者提供视觉引导。例如在外研社开发的数字教材《新概念英语》中，随着音频的播放，底色会对应改变让单词突出显示（图 5-7），用户在无法跟上音频朗读节奏的情况下，也能通过阅读进行弥补。颜色型线索设置的关键是在视觉搜索范式中建立颜色对比，使线索在视觉上更加突出，从而加速用户识别。因此，指示线索中前景与背景的对比度十分关键，可采用互补色对比、较大的明度对比等方案进行设置。此外，若局部区域存在多个颜色线索，则需要根据内容的重要性和相关程度控制线索的视觉效果强度。

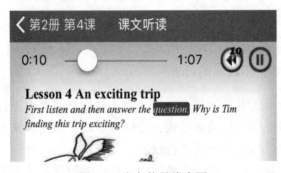

图 5-7 底色信号线索图

资料来源：《新概念英语》应用程序。

（2）图像指示线索的设置

图像指示线索是指基于图像对用户注意力进行引导的线索，可以通过外部添加和内容部变化两种方法进行设置。

外部添加方法是指在原有图像之上叠加要素，例如在图像上添加标签或说明以引导用户注意，这种指示线索的设置方式在静态图像中较为常见。而内部变化方式通常应用于动态图像中，随时间推移变换图像中的要素属性（例如放大、缩小、闪烁或跳动等）以捕获用户的视觉注意力。根据动态默认假说（Dynamic Default

Hypothesis)，动态事件会获得注意力的优先级，① 因而相较于外部添加型线索，内部变化型线索具有较强的指示功能。但需要注意的是，动态本身并不能吸引注意力，还需要形成"前景—背景"关系。以医学教材 *C. Anatomy* 为例（图 5-8），在"胸骨端"知识学习中，教材对该部位设置了"聚光灯"的动态变化，叠加了浅绿色高亮并慢速闪烁，与背景以及其他骨骼对比强烈，让用户的视觉注意得到了有效的集中，同时也方便用户学习它与其他骨骼间的相对关系。

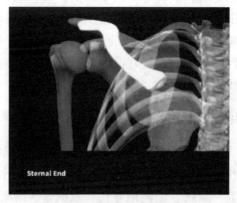

图 5-8　聚光灯指示线索

资料来源：截图于 *C. Anatomy* 应用程序。

（三）基于隐喻线索优化数字教材交互界面

用户在使用数字教材时，首先接触到的并非学习内容，而是用户界面。用户界面一定程度上决定了受众对数字教材产品的认知差异。因此，一个有吸引力、功能性强的交互界面对于用户的使用来说就十分关键，而在交互界面设置隐喻线索是对数字教材交互界面进行优化的有效方式。

191

---

① Franconeri S L, Simons D J. Moving and looming stimuli capture attention [J]. Perception & Psychophysics, 2003(65): 1-12.

隐喻线索是指通过用户熟悉的视觉或听觉要素来表达陌生内容的线索。通过将"用户需要学习的知识和技能"映射到"用户已经拥有的知识和技能"，隐喻线索可以强化界面在数字教材和用户之间的中介作用，帮助用户转移其知识经验、认识内容结构和构建认知图式，同时还能提高用户的沉浸感。① 由于隐喻线索涉及用户熟悉领域与用户不熟悉领域之间的映射，因而与指示线索中每个线索都是相互独立的状况不同，隐喻线索是一组相互关联线索的集合，集合中又包括初级隐喻和次级隐喻两个层次，初级隐喻是隐喻线索的框架和基础，定义隐喻范围，次级隐喻则是主体隐喻的扩展和补充，提升隐喻质量，两者相辅相成，共同构成一个完整的隐喻线索。本书认为数字教材中主要有两种隐喻线索，分别是主题隐喻线索和内容隐喻线索。

（1）设置主题隐喻线索激发功能联想

主题隐喻线索是指用户熟悉但不反映教材知识内容的隐喻线索。例如，一些数字教材会将其教学内容数据库类比为一本纸质书籍，用添加书签、画线、记笔记等代替数据输入的概念，实现从源概念区域到目标概念区域的意义转移，从非物理概念到物理概念的转移，进而为用户的学习任务提供熟悉且直观的界面。通过这样的隐喻，用户可以联想并转移其拥有的知识和经验，更顺畅地使用数字教材，让学习任务更容易完成。同时，主题隐喻也可以定位用户的期待视野。例如随着数字教学游戏化趋势的发展，以游戏为主题的隐喻线索在数字教材用户界面中得到了应用，游戏主题的隐喻线索暗示了教材的娱乐属性，某编程教材通过一个冒险地图来表示教材中的单元，单元中的课程则被表现为一个个关卡。通过这一隐喻，用户可以轻松理解和预测该教材的学习机制，即闯关、过关并收获奖励，同时也能快速定位自己的学习进度。

① Cheon J, Grant M M. The effects of metaphorical interface on germane cognitive load in Web-based instruction[J]. Educational Technology, Research and Development, 2012, 60(3): 399-420.

游戏主题的隐喻线索在数字教材中的使用日益广泛，常见于各类练习、题库、实验等具有并列结构的数字教材。但游戏不光是主题框架，有时也涉及内容本身，因此在设置游戏主题的隐喻时，需要把握线索的内容框架属性，避免让"教材"变成"游戏"。

（2）设置内容隐喻线索创造沉浸体验

内容隐喻线索是指创造一个真实的环境，并以有意义的方式来反映教材内容的线索。它可以帮助用户组织和整合学习内容，构建认知图式。例如化学教材《烧杯》还原了化学实验的真实过程，将整个移动设备类比为一个"烧杯"。用户可以在界面中添加化学成分，通过重力感应系统摇动手机即可模拟摇动烧杯的动作并观察相关化学反应，可以通过将手机倒置，倒掉烧杯中的化学试剂，通过在屏幕上快速滑动手机点燃火柴加热烧杯等。此外，如果有两台设备都安装了《烧杯》，用户还可以通过 AirMix 连接，将一台设备中的化学试剂倒入另一台之中（图 5-9）。这样的隐喻线索有利于用户理解正在学习的内容以及这些内容是如何相联系的，同时也为情境化学习提供了基础。

图 5-9　向另一台设备倒入化学试剂
资料来源：截图于《烧杯》应用程序。

内容隐喻线索的设计和应用需要注意以下几个方面的问题，首先，隐喻需要与教材内容高度相关，为用户提供足够的有效线索，而不能仅仅关注视觉效果；其次，内容隐喻线索需要在外观和功能上具有系统性和一致性，例如以烧杯作为隐喻，就应符合用户对于使用烧杯做化学实验的功能预期；最后，需要将受众的年龄和知识水平纳入考量，设置适应其先前知识基础的内容隐喻线索。

(四) 基于社交线索加强情感连接

尽管许多研究都证明了使用数字教材学习有利于提高学习效率，但也有研究者指出，在使用数字教材时，学习者很容易出现缺乏指导、缺乏动力、自我效能感低、缺乏兴趣等问题，究其原因，主要是学习者缺乏一个社会学习环境。[1] 因而，数字教材不能仅仅呈现信息，而且要启动学习者主动地进行信息的认知处理。通过提供社交线索能够激发这一过程，其影响学习的机制如图 5-10 所示。

图 5-10　社交线索如何促进深层学习

社交线索是指引导学习者将学习过程中的知识传递视为社交过程的线索，它通过模拟人与人之间社交过程，激活和启动用户的社交存在感，从而提高用户使用数字教材时的动力、兴趣以及

---

① DinçEr S, DoggAnay A. The effects of multiple-pedagogical agents on learners' academic success, motivation, and cognitive load [J]. Computers & Education, 2017(111): 74-100.

自我效能感,① 也会让用户比自己单独学习时更加努力地理解内容,② 加深与数字教材产品之间的情感连接。社交线索通常需要依托一个社交互动主体存在,其中较为常见的是"教学代理"(Pedagogical Agents),也被称为"动画代理"或"虚拟导师",是数字教材中的教学角色。其存在方式多样,可以是真人形象、卡通角色,也可以是拟人的抽象符号或者没有视觉表征的声音。

教学代理的概念基于社会认知理论和动机理论,该理论认为,学习不仅是一个人内心发生的单独活动,而且还受到工具和他人互动的显著影响,特别是情境性的社交互动对学习和动机具有重要作用。教学代理可以通过模拟社会互动来克服这一局限。人格化的教学代理可以在教育应用中促进一种社会存在感,使教学交流更加社会化和自然。教学代理主要有四个方面的功能。第一,指导学习者使用数字教材,让教材使用更加容易;第二,教学代理具备学习者所不具备的知识和技能,可以作为指导学习者学习的认知工具;第三,通过与学习者合作和讨论帮助学习者建构知识,作为交互合作的伙伴;第四,通过构建社交模型(Social Models),促进学习者获得自我效能感和积极情绪,提升学习者的学习动力。大量的研究也已经证实了教学代理在促进学习过程中的学习者动机和情感参与方面的有效性,施罗德(Schroeder)等通过元分析和系统综述验证了教学代理对于学习成绩提高的有效性,③ 同时教学代理有利于学习

① Dinçer S, Doggangy A. The effects of multiple-pedagogical agents on learners' academic success, motivation, and cognitive load [J]. Computers & Education, 2017(111): 74-100.

② Mayer R E. Principles of multimedia learning based on social cues: Personalization, voice, and image principles [J]. Information Design Journal, 2005, 16(1): 81-83.

③ Schroeder N L, Adesope O O, Gilbert R B. How effective are pedagogical agents for learning? A meta-analytic review [J]. Journal of Educational Computing Research, 2013, 49(1): 1-39.

者提高相关认知负荷，降低外在认知负荷。① 郭（Guo）等也通过元分析发现教学代理对于提高学习者动机有积极影响。②

教学代理及其社交线索的构建需要考虑两个方面，一是教学代理的角色形象和属性，二是教学代理的行为和表达。

（1）教学代理的形象和属性

从角色形象和属性上来说，教学代理包括专家、导师、长者或共同学习者等类型。数字教材编写者和开发者可以根据不同的教学目的和风格进行选择。例如，通过将教学代理设置成专家角色，有助于强调了教材内容的专业性，而在启蒙类教材中可以将教学代理是一个慈祥的长者形象，旨在营造一种温馨友好的休闲环境。还有的教学代理作为用户的共同学习者出现，时而为用户提供指导，时而与用户合作、竞争、制造麻烦等以增强学习过程的趣味性。另外，同时，教学代理的个人属性（例如性别、种族或性格等）所传递出的社交线索对于学习者与教学代理关系的建立也十分重要。鉴于学习者与教学代理之间的互动是社会性的、自然的，就像他们与人类教师和同学之间的互动一样，因而，学习者也会倾向于与和自己一样具有类似属性的教学代理一起学习。事实上也有研究表明，当教学代理的个人属性与学习者相匹配时，学习者对其态度更积极，会更仔细地更认真地对待教学代理传达的信息，也更倾向于与其建立更发达的社交关系。③ 因此，在建构教学代理的属性时，需要仔细考察目标学生的相关特质和日常生活经验，并让教学代理的属性与其相关。也可以考虑在数字教材中设置

---

① Schroeder N L, Adesope O O. A systematic review of pedagogical agents' persona, motivation, and cognitive load implications for learners［J］. Journal of Research on Technology in Education, 2014, 46(3)：229-251.

② Guo Y R, Goh H L. Affect in embodied pedagogical agents：Meta-analytic review［J］. Journal of Educational Computing Research, 2015, 53(1)：124-149.

③ Moreno R, Flowerday T. Students' choice of animated pedagogical agents in science learning：A test of the similarity-attraction hypothesis on gender and ethnicity［J］. Contemporary Educational Psychology, 2006, 31(2)：186-207.

多个教学代理以供学习者选择，以便于选择一个更容易与其建立感情链接的教学代理。

（2）教学代理的行为和表达

在设计教学代理的沟通表达方式时，合作原则（Cooperative Principle）提供了一条可遵循的路径。合作原则由美国著名语言哲学家格赖斯（Grice）提出，他认为，人们在交际过程中会相互配合、共同努力，以求完成交际目标。合作原则具体又包括四个准则，分别是量的准则，即交际参与者所提供的信息量跟对方的需求相符合；质的准则，即不说虚假和缺乏证据的话；关系原则，要求参与者在交流过程中所说话要有关联；方式准则，参与者在对话时避免含混、歧义和冗长。①

根据合作原则，教学代理一方面需要更像一个真实的交流者。比如在交谈时以第一人称"我"，和第二人称"你"来替换第三人称的表达来拉近距离，以更礼貌的措辞代替祈使句和中性的陈述句。在通过音频媒体传递信息时，以人类声音代替机器生成的声音。也可以模拟真实对话过程来实现内容传递的个性化，例如在《程序媛》儿童编程课中，教学代理与用户的互动模拟了通用社交软件（如微信）中的互动对话形式，在用户熟悉的网络社交环境中为其提供教学指导。另一方面，教学代理的设置需要遵循四个具体准则，从用户和知识组织工具两个方面构建知识组织会话模型，通过语义控制和自动推荐，引导用户明确、规范地表达，同时通过分析、检测用户日志，建立用户自然语言向受控语言的映射模型。除了语言，教学代理的动作和表情，特别是手势动作（Gesture）对于激发学习者社交存在感也非常有效。霍斯泰特（Hostetter）对63项相关研究进行了元分析发现，手势在人类交流中扮演着重要的角色，是学习的一个重要组成部分，对于知识理解

197

---

① Graice H P. Logic and conversation [M]. New York：Academic Press，1975：11-24.

有着显著的效果。① 也就是说，当教学代理通过使用类人的手势、身体动作、面部表情和眼神，以类人的方式进行行为表达，学习者的学习表现会更好，② 外在认知负荷也会更低③。

① Hostetter A B. When do gestures communicate? A meta-analysis [J]. Psychological Bulletin, 2011, 137(2): 297-315.

② Fiorella L, Mayer R E. Effects of observing the instructor draw diagrams on learning from multimedia messages [J]. Journal of Educational Psychology, 2016, 108(4): 528-546.

③ Davis R O. The impact of pedagogical agent gesturing in multimedia learning environments: A meta-analysis [J]. Educational Research Review, 2018 (24): 193-209.

第六章　结　　语

本书以数字教材内容组织的现实背景与实践分析为起点，在认知负荷理论、多媒体认知学习理论等相关理论的指导下，分别从内容组织的三个环节，即内容选择、内容结构以及内容呈现出发，深入探讨了内容组织的不同方式，针对各类具体情况进行了案例分析，并基于分析对数字教材的内容组织策略和方法提出了建议。本章对上述研究工作进行了总结，归纳出了本研究的主要结论和观点，对本书存在的不足之处进行了探讨，并对后续研究的开展进行展望。

通过对数字教材内容组织进行分析，我们深化了对内容组织的理解和认识，并针对数字教材内容组织现状做出了解释，提出了建议。

第一，本书阐释了数字教材内容组织的相关概念，包括对数字教材的概念进行辨析和定义，阐述了数字教材内容组织的内涵。同时总结了该领域的研究现状与研究成果。分析了数字教材内容组织研究与数字教材设计研究之间的关系，梳理了数字教材内容组织的目标、环节和方法三个方面的相关研究，并确定了数字教材内容组织的三大环节。

第二，由于目前的数字教材的发展尚处于起步和探索的阶段，内容组织实践经验尚少，多沿用传统教材的内容组织方法，缺乏理论指导，也缺乏一套对数字教材量身定做的内容组织方式。同时，在内容组织过程中，过于强调视觉效果和媒体表现，突出了娱乐性而对数字教材的教学作用有所忽略。因此，本书对指导内容组织的相关理论进行梳理，包括认知负荷理论、建构主义学习理论、多媒体认知学习理论等，将内容组织与人类认知结构相结合，提出了数字教材内容组织的理论研究框架，认为内容组织应与人类认知结构和过程相符合，才能有效提升知识的吸收效率。

第三，在数字教材的内容选择方面，本书在实践基础上，结合认知负荷理论，提出数字教材的内容选取应当以学习者的先前知识（既包括先前经验又包括先前学科知识）为中心。同时，本书认为通过提升内容选择的交互性，为学习者量身定制学习内容，可以有效降低认知负荷，提升学习者的学习效率。另外，除了需要学习的知识，脚手架材料的选择也非常关键，本书结合案例详细阐述了支持性材料以及学习任务的选择，提出数字教材的内容应减少诱人细节、精练背景知识，选择自由目标的学习任务，以及激发学习者自我想象和自我解释的学习活动。

第四，在数字教材的内容架构方面，本书从宏观、中观、微观三个层次切入，对各个层次中各类结构的特征和功能进行了探讨。在宏观层面，我们认为应避免出现不必要的序列关系，着重建立前提关系，例如构建自适应的序列结构；同时根据教学需要对知识难度合理分层，以适应学习者认知和知识水平。在中观层面，学术性强、结构化程度高的学科或较为抽象的知识应使用学科主题单元结构，包括渐进分化结构、综合贯通结构等；而以技能学习、思维发展为主学科，或应用性较强的知识则应使用经验主题单元结构，例如问题单元结构、项目单元结构。在微观层面，本书提出在学习者是新手到中等水平时，应采用指导性课程结构，当学习者是专家水平时，则应采用建构式的课程结构，另外，这两种结构也可以整合在一个数字教材课程中，随着学习者知识水平变化而作相应调整。

第五，在数字教材内容呈现方面，本书结合了多媒体认知学习理论，对不同媒体的属性、特征及其适用展现的内容进行了阐述。接着对媒体组合的方式进行了探究，基于认知负荷效应提出了通道组合和时空组合两种组合方式。最后分析了数字教材中的三种内容线索，分别是隐喻线索、信号线索以及社交线索的特征与使用。

由于客观条件、研究难度以及研究者能力水平等多方面因素的限制，本书仍然还有许多不足之处。一方面，研究对象的类型和数量仍然有一定局限性。本书虽然研究了大量的数字教材，但大部分是商业性团体开发的商业化数字教材，而由学术机构或领域研究者开发的公益性数字教材和试验性的较少，这在一定程度上影响了研究的全面性。另一方面，研究方法有待丰富。本书主要采用文本分析法、案例研究法和比较分析法等方法。得出的相关结论虽有理论支持，但缺乏实验的验证。另外，就数字教材内容组织研究而言，不同的内容组织方式对认知负荷以及学习效率的影响有多大的差异也需要采用更为定量的方式进行考察，因而在研究方法上还可以综合实验法、问卷调查法等，更加具体和细致地考察不同内容组织方式的差异。

　　本书限于结构和篇幅，并不能面面俱到地深入探讨，尤其是对数字教材内容组织的分析有待进一步深入。后续研究应进一步扩大研究样本量，容纳更多种类的数字教材，例如游戏化的数字教材，叙事性的数字教材；容纳以新技术的多媒体呈现的数字教材，例如采用虚拟现实技术、触媒技术进行内容呈现的数字教材等。注重在真实学习场景中以定量的方式对数字教材的内容组织进行进一步探索，对内容组织的原则和策略进行验证和评价研究，增强研究结论的普适性和有效性。同时深入探讨数字教材内容组织的构成要素与路径，总结各类指标，建立一个数字教材内容组织的过程及评价体系，并加强对这一体系的科学性、可行性验证。

参 考 文 献

一、中文文献

克努兹·伊列雷斯. 我们如何学习：全视角学习理论［M］. 孙玫璐，译. 北京：教育科学出版社，2014.

杰罗姆·范梅里恩伯尔. 掌握综合认知能力——面向专业技术培训的四元教学设计模式［M］. 盛群力，等，译. 福州：福建教育出版社，2017.

杰罗姆·范梅里恩伯尔，保罗·基尔希纳. 综合学习设计（第二版）——四元素十步骤系统方法［M］. 盛群力，等，译. 福州：福建教育出版社，2015.

安妮塔·伍尔福克. 教育心理学［M］. 伍新春，等，译. 北京：中国人民大学出版社，2012.

奥苏泊尔. 教育心理学——认知观点［M］. 余星南，等，译. 北京：人民教育出版社，1994.

加瑞特. 用户体验的要素［M］. 范晓燕，译. 北京：机械工业出版社，2008.

克伯屈. 教学方法原理［M］. 王建新，译. 北京：人民教育出版社，1991.

理查德·梅耶. 多媒体学习［M］. 牛勇，邱香，译. 北京：商务印书馆，2006.

洛林·W. 安德森. 布鲁姆教育目标分类学(修订版)——分类学视野下的学与教及其测评[M]. 北京：外语教学与研究出版社，2018.

沙伦·E. 斯马尔蒂诺. 教学技术与教学媒体[M]. 郭文革，译. 北京：高等教育出版社，2008.

威廉·克伯屈. 教学方法原理——教育漫谈[M]. 王建新，译. 北京：人民教育出版社，1991.

约翰·杜威，我们如何思维[M]. 伍中友，译. 北京：新华出版社，2010.

约翰·W. 克雷斯威尔. 研究设计与写作指导：定性、定量与混合研究路径[M]. 重庆：重庆大学出版社，2007.

维果茨基. 维果茨基教育论著选[M]. 余振球，选译. 北京：人民教育出版社，1994.

维果茨基. 维果茨基教育论著选[M]. 北京：人民教育出版社，2005.

柯林·比尔德，约翰·威尔逊. 体验式学习的力量[M]. 黄荣华，译. 广州：中山大学出版社，2003.

陈桄，黄荣怀. 中国基础教育电子教材发展战略研究报告[M]. 北京：北京师范大学出版社，2013.

陈琦，刘儒德. 当代教育心理学[M]. 北京：北京师范大学出版社，2007.

范印哲. 教材设计导论[M]. 北京：高等教育出版社，2003.

高文. 现代教学的模式化研究[M]. 济南：山东教育出版社，2000.

顾明远，孟繁华. 国际教育新理念[M]. 海口：海南出版社，2003.

乐进军. 从纸质教材到电子教材——教材数字化变革研究[M]. 北京：北京师范大学出版社，2017.

黎加厚. 信息化课程设计：MOODLE 信息化学习环境的创设[M]. 上海：华东师范大学出版社，2007.

廖哲勋，田慧生. 课程新论[M]. 北京：教育科学出版社，

2003.

皮连生. 学与教的心理学(第五版)[M]. 上海：华东师范大学，2009.

皮连生. 智育心理学[M]. 北京：人民教育出版社，2008.

任长松. 走向新课程[M]. 广州：广东教育出版社，2002.

邵志芳. 认知心理学：理论，实践和应用(第 2 版)[M]. 上海教育出版社，2003.

施良方. 学习论[M]. 北京：人民教育出版社，2000.

孙智昌. 主体相关性：教科书设计的基本原理[M]. 北京：教育科学出版社，2011.

吴庆麟. 教育心理学[M]. 北京：人民教育出版社，1999.

游泽清. 多媒体画面艺术应用[M]. 北京：清华大学出版社，2012.

游泽清. 多媒体画面艺术设计(第二版)[M]. 北京：清华大学出版社，2013.

张华. 课程与教学论[M]. 上海：上海教育出版社，2000：191.

钟启泉. 课程论[M]. 北京：教育科学出版社，2007.

钟启泉. 现代课程论[M]. 上海：上海教育出版社，2009.

钟启泉，张华. 世界课程改革趋势研究[M]. 北京：北京师范大学出版社，2001.

傅伟. 电子课本模型构建与技术验证[D]. 上海：华东师范大学，2013.

黄荣怀. 关于协作学习的结构化模型研究[D]. 北京：北京师范大学，2000.

杨广军. 高中物理教材设计论[D]. 南京：南京师范大学，2004.

杨先明. 0—5 岁汉语儿童语言发展的认知研究[D]. 武汉：武汉大学，2010.

保罗·基尔希纳，约翰·斯维勒，理查德·克拉克. 为什么"少教不教"不管用——建构教学、发现教学、问题教学、体验教学与探究教学失败析因[J]. 钟丽佳, 盛群力译. 开放教育研究, 2015, 21 (2): 61-62.

包宗鑫. 大学英语教材出版问题探讨[J]. 赤峰学院学报(自然版), 2017 (20): 180-182.

蔡敬新, 邓峰. "技术-教学-学科知识"(TPACK)研究: 最新进展与趋向[J]. 现代远程教育研究, 2015(3): 9-18.

蔡若莲. 古代识字教材《三字经》之研究[J]. 河北师范大学学报(教育科学版), 2000(3): 34-40.

曹周天. 教科书基本理论研究三题[J]. 课程教学研究, 2018 (2): 30-34.

柴西琴. 初中综合理科教学内容选择与组织的初步探讨[J]. 课程·教材·教法, 2000(6): 38-42.

常俊跃. 对我国高校英语专业课程学科内容组织模式多元化的思考[J]. 中国外语, 2015, 12(2): 8-14.

陈彩虹, 赵琴, 汪茂华, 等. 基于核心素养的单元教学设计——全国第十届有效教学理论与实践研讨会综述[J]. 全球教育展望, 2016, (1): 121-128.

陈仕品, 张剑平. 适应性学习支持系统的学习内容组织策略研究[J]. 电化教育研究, 2010(11): 53-60.

程春雨, 吴振宇, 高庆华, 王林, 吴雅楠, 余隽. 模拟电子技术实验与课程设计教材编写实践[J]. 实验室科学, 2016, 19(3): 69-71, 75.

邓峰, 钱扬义, 钟伟华, 陈烁, 钟映雪. 从心理学角度探讨高中化学新教材先行组织者的设计与应用[J]. 课程·教材·教法, 2006(11): 63-67.

邓文虹. 电子教材研发的思考与实践——以人教版电子教材的研发为例[J]. 课程·教材·教法, 2011, 31(12): 32-36.

邓永财. 试论探究学习与接受学习的融合[J]. 中国教育学刊, 2003(11): 37-40.

段玉山, 陈澄. 初中地理教材体系结构设计的新尝试[J]. 课程·教材·教法, 2009, 29(12): 63-66.

方雪琴，毛齐明. 小学英语教材知识呈现方式的比较研究[J]. 课程教学研究，2018(5)：32-35.

付道明. 泛在学习系统中认知负荷的产生及其优化控制[J]. 中国电化教育，2015(3)：97-102.

傅晓玲. 多模态话语信息加工的认知负荷研究[J]. 外语教学，2014，35(5)：14-18.

顾继玲. 关于数学教材内容的选择与组织[J]. 数学通报，2017，56(2)：1-4，66.

郭晓明. 整体性课程结构观与优化课程结构的新思路[J]. 教育理论与实践，2001(5)：38-42.

郭晓明，蒋红斌. 论知识在教材中的存在方式[J]. 课程·教材·教法，2004(4)：3-7.

顾小清，傅伟，齐贵超. 连接阅读与学习：电子课本的信息模型设计[J]. 华东师范大学学报(自然科学版)，2012(2)：81-90.

顾小清，许哲. 电子课本何以支持教学方式变革[J]. 现代远距离教育，2013(1)：13-20.

郭炯，王晶晶. 面向1∶1数字化学习的电子教材设计与开发研究[J]. 中国电化教育，2015(3)：90-96.

郝路军. 奥苏贝尔认知结构同化学习理论对我国教学改革的启示[J]. 中国农业教育，2008(5)：38-39，8.

何克抗. 从"翻转课堂"的本质，看"翻转课堂"在我国的未来发展[J]. 电化教育研究，2014，35(7)：5-16.

何克抗. 教育技术专业培养的人才应具有的知识能力结构及课程体系[J]. 中国点化教育，2007(11)：11.

何善亮. "最近发展区"的多重解读及其教育蕴涵[J]. 教育学报，2007(4)：29-34.

洪昆辉. 论心理活动的信息编码原理[A]. 中国思维科学研究论文选2011年专辑[C]. 2012.

侯良健.《形势与政策》新形态教材建设的探索与思考[J]. 思想教育研究，2016(7)：88-91.

胡定荣. 教材分析：要素、关系和组织原理[J]. 课程·教材·

教法，2013（2）：17-22.

[87] 胡畔，王冬青，许骏，等. 数字教材的形态特征与功能模型[J]. 现代远程教育研究，2014，（2）：93-98，106.

胡畔，柳泉波."教育云服务+云终端"模式下的数字教材研究[J]. 现代教育技术，2018，28（3）：85-91.

胡畔，王冬青，许骏，韩后. 数字教材的形态特征与功能模型[J]. 现代远程教育研究，2014（2）：93-98.

黄莉. 初中数学教学中"支架式"教学模式应用初探[J]. 中国校外教育，2018（10）：88，90.

黄荣怀，陈庚，张进宝，王运武. 论信息化学习方式及其数字资源形态[J]. 现代远程教育研究，2010（6）：68-73.

黄荣怀，张晓英，陈桄，王晓晨，赵姝，龚朝花. 面向信息化学习方式的电子教材设计与开发[J]. 开放教育研究，2012，18（3）：27-33.

黄荣怀，郑兰琴. 隐性知识及其相关研究[J]. 开放教育研究，2004（6）：49-52.

黄应会. 教学设计思想与数字教材开发——以中小学信息技术学科为例[J]. 中小学教材教学，2015（6）：25-29.

姜强，赵蔚，李松，等. 个性化自适应学习研究——大数据时代数字化学习的新常态[J]. 中国电化教育，2016（2）：25-32.

金陵."翻转课堂"翻转了什么？[J]. 中国信息技术教育，2012（9）：18.

井上弘，钟言. 教材结构化的逻辑与策略[J]. 外国教育资料，1991（2）：42-54.

康合太，沙沙. 数字教材建设的探索与实践——以第二代"人教数字教材"为例[J]. 中国电化教育，2014（11）：80-84，100.

康萍. 远程教育自主学习条件下立体化电子教材设计——基于思维导图的方法[J]. 远程教育杂志，2015，33（5）：107-112.

科学探究性学习的理论与实验研究课题组. 探究式学习：含义、特征及核心要素[J]. 教育研究，2001（12）：52-56.

李德才，郑长龙. 化学实验教科书内容的选择与组织[J]. 化学教育，2010，31(11)：3-5，12.

厉复东. 活动化教材"语文学习活动"浅说[J]. 现代语文(教学研究版)，2010，(6)：148-150.

李红，何磊. 儿童早期的动作发展对认知发展的作用[J]. 心理科学进展，2003(11)：316.

李洁. 元认知知识、词汇广度和二语阅读水平关系研究[J]. 中国外语，2015，12(5)：57-67.

李锦山. 高三生物学复习课的内容组织策略[J]. 生物学教学，2011，36(4)：21-23.

李娟，穆肃. 基于认知风格理论的网络课程学习内容设计[J]. 远程教育杂志，2006(2)：36-38，60.

李科生，蒋志辉. "互联网+"支持下的"立体化教材"开发探讨[J]. 出版科学，2018，26(1)：43-46.

李林，王冬，覃文圣，张淑琴，高栩. 论电子教材取代纸质教材发展趋势的必然性[J]. 中国信息界，2011(5)：42-44.

李芒，孙立会. 关于电子教科书基本问题的探讨[J]. 教育研究，2014(5)：100-106.

李婷婷，王秀红，李延龙. 日本初中理科教科书中"粒子的存在"内容组织与呈现特征[J]. 化学教育(中英文)，2018，39(23)：14-18.

李伟胜. 学科教学知识(PCK)的核心内涵辨析[J]. 西南大学学报(社会科学版)，2012，38(1)：26-31.

李毅，闫现洋，吴桐. "数字鸿沟"视角下的网络远程教育公平性检视与问题对策——免试硕士生的性别、民族、学习方式对网络学习成效的影响[J]. 远程教育杂志，2015，33(4)：98-105.

李宜霖，周宗奎，牛更枫. 数字技术对个体的影响[J]. 心理科学进展，2017，25(10)：1799-1810.

梁宇. 基于"学习者感受"的体验式国际汉语教材设计[J]. 语言教学与研究，2011(4)：100-106.

林凌，曾周末，栗大超，张宇，刘蓉. "电路、信号与系统"课程内容组织体系[J]. 电气电子教学学报，2018，40(5)：52-56.

刘春志，章伟民. 现代教育技术公共课教学内容组织的探讨[J]. 现代教育技术，2011，21（3）：54-57.

刘进. 博弈论视角下高中数学教材内容要素的选择[J]. 教育理论与实践，2018，38（20）：36-39.

刘晓雪，李远蓉. 重新认识积件理论[J]. 电化教育研究，2004（5）：23-27.

陆林. 论《人文地理学》教材内容的组织[J]. 中国大学教学，2005（4）：52-54.

罗蓉，邵瑜. 电子教材的设计与开发[J]. 中国电化教育，2006（2）：75-78.

莫芮. 论教学设计的脚手架[J]. 教育科学论坛，2015（17）：5-8.

牟智佳，武法提. 电子教材写作工具的交互元件设计与功能实现[J]. 中国电化教育，2015（8）：92-98.

牛瑞雪. 我国数字教科书的研究现状、不足与展望[J]. 课程·教材·教法，2014，34（8）：19-25.

乔宇，杨静. 线性代数动态教科书系统的设计与实现[J]. 物联网技术，2018，8（6）：111-115.

沈晓敏. 关于新媒体时代教科书的性质与功能之研究[J]. 全球教育展望，2001（3）：23-27.

石树伟. 大道至简：再议数学教学内容的结构化组织[J]. 数学通报，2014，53（1）：18-21.

苏小兵，陈澄. 计算机网络地理课程内容的组织[J]. 中国远程教育，2002（1）：61-63.

孙天义，许远理. 认知负荷的理论及主要模型[J]. 心理研究，2012，5（2）：93-96.

孙伟峰，惠煌，夏锋. MOOC参与的计算机网络教学内容组织和教学方法研究[J]. 计算机教育，2015（22）：71-74.

孙众，骆力明. 小学生到底喜欢什么样的学习资源——梅耶多媒体学习原则对数字原住民适用性的实证研究[J]. 中国电化教育，2015（7）：79-84.

孙众，骆力明，綦欣. 数字教材中个性化学习资源的推送策略与技术实现[J]. 电化教育研究，2014，35（9）：64-70.

谭移民. 基于课程标准的教材结构设计[J]. 职教论坛，2014（36）：75-78.

唐泽静，陈旭远. "学科教学知识"研究的发展及其对职前教师教育的启示[J]. 外国教育研究，2010，37（10）：68-73.

王进满. 电子 CAD 课程校本教材的开发[J]. 中国现代教育装备，2017（9）：67-69.

王文韬，谢阳群，占南. 基于 ERG 理论的数字原住民信息行为研究[J]. 情报理论与实践，2015，38（9）：42-46，7.

王晓晨，郭鸿，杨孝堂，张晓英，黄荣怀，陈桄. 面向数字一代的电子教材用户体验设计研究——以《Photoshop 图像处理》电子教材的用户体验设计为例[J]. 电化教育研究，2014，35（4）：77-82.

王晓晨，杨娇，陈桄，黄荣怀. 基于用户体验元素模型的电子教材设计与应用研究[J]. 中国电化教育，2015（10）：82-87.

王晓英，张文佳，王晓华. 认知结构同化论在中职化学教学中的研究与运用[J]. 学周刊，2015（31）：28-29.

王艳玲，熊梅. 个性化教学单元设计的实践探索[J]. 课程·教材·教法，2014，34（1）：56-60.

王颖. 教科书中学生活动设计的概念、分类及功能分析[J]. 中学生物学，2016（9）：66-68.

王佑镁. 电子课本不同版面要素的眼动行为分析[J]. 编辑之友，2014（5）：89-91，98.

王钰. 场景视域下的移动端数字教材开发研究[J]. 出版科学，2020，28（5）：44-52.

王钰. 用户视角下的教育出版知识服务场景分析[J]. 出版发行研究，2020（11）：44-49.

王钰. 基于内容线索的数字教辅内容呈现策略[J]. 中国编辑，2021（10）：72-76.

王志军，王雪. 多媒体画面语言学理论体系的构建研究[J]. 中国电化教育，2015（7）：42-48.

吴永和，雷云鹤，马晓玲.电子书包中的电子课本应用需求研究——基于电子课本标准的视角[J].中国电化教育，2013（5）：73-77.

吴永和，杨飞，熊莉莉.电子课本的术语、特性和功能分析[J].现代教育技术，2013，23（4）：5-11.

项国雄.从传统教材到电子教材[J].信息技术教育，2005（5）：8-10.

徐连荣，徐恩芹，崔光佐."少教不教"真的不管用吗？——与《为什么"少教不教"不管用》一文商榷[J].开放教育研究，2016，22（2）：17-24.

杨惠雯."经验"或"认知"：学科逻辑与心理逻辑的统一路径研究[J].外国教育研究，2016，43（9）：3-12.

杨琳，吴鹏泽.面向深度学习的电子教材设计与开发策略[J].中国电化教育，2017（9）：78-84.

杨青.数字教材是整合电子书包内容的核心[J].出版参考，2014（22）：12-14.

杨现民，余胜泉，王志军.学习元与学习对象的多维比较研究——学习资源聚合模型发展新趋势[J].开放教育研究，2010，16（6）：25-32.

杨洋，张奕，王超.基于翻转课堂的自适应学习模型构建与实践[J].中国教育信息化，2017（10）：48-49.

杨炜伟，吴恒.大数据时代个性化自适应学习模式初探[J].大学教育，2018（4）：38-40.

喻平.数学核心素养的培养：知识分类视角[J].教育理论与实践，2018，38（17）：3-6.

余胜泉，杨现民，程罡.泛在学习环境中的学习资源设计与共享——"学习元"的理念与结构[J].开放教育研究，2009，15（1）：47-53.

俞维军.从事实性知识到概念性知识的发展[J].教学仪器与实验，2015，31（4）：23-25.

曾文静. 基于课程内容组织原则对数学教材适切度分析的研究——以人教版义务教育阶段三角形知识内容为例[J]. 课程教学研究, 2018(12)：48-53.

赵立影, 吴庆麟. 基于认知负荷理论的复杂学习教学设计[J]. 电化教育研究, 2010（4）：46-50.

赵青. 基于 iBooks Author 的电子教材设计与开发——以《多媒体课件开发》为例[J]. 中国教育信息化, 2017(10)：60-64.

赵宇恒. 基于布鲁姆教育目标分类的初中物理教学策略[J]. 中学物理教学参考, 2017, 46(7)：10-12.

赵志明, 吕蕾. 论数字教科书知识选择的"国家定义"与"个人定义"[J]. 湖南师范大学教育科学学报, 2014, 13(2)：63-67.

张华. 论课程选择的基本取向[J]. 全球教育展望, 1999(5)：25-31.

张攀峰, 宿佩, 吉丽晓. 基于多元智能理论的小学语文电子教材开发研究——以小学古诗词专题学习网站为例[J]. 电子世界, 2011(13)：62-64.

张恰. 国外主流的教材设计思想述评[J]. 外国教育研究, 2006(2)：52-56.

张仁竞. 基于奥苏贝尔的对话型教学模式构建[J]. 教育理论与实践, 2016, 36(13)：59-62.

张绍杰. 大学英语教育改革的目的与理念[J]. 东北师大学报(哲学社会科学版), 2012(1)：85-87, 96.

张桐, 杨孝堂, 杜若. 远程教育全媒体数字教材发展与创新[J]. 中国电化教育, 2017(3)：138-142.

张晓如, 张再跃. 基于知识背景的计算学科课程内容组织[J]. 计算机教育, 2011(2)：86-90.

张雅君, 付强. 我国数字教科书的发展现状及其对策[J]. 课程·教材·教法, 2016, 36(8)：30-35.

张岩, 闪茜. 网络课程内容组织的实效性研究——以北京开放大学的电子商务类课程为例[J]. 中国电化教育, 2016(3)：44-49.

张正做, 赵葆华. 网络课件评价新维度：多媒体认知理论[J].

现代远距离教育，2008（2）：41-43.

郑桂华. 统编本初中语文教材学习活动设计研究［J］. 语文建设，2018（13）：4-8.

郑旭东，吴博靖. 多媒体学习的科学体系及其历史地位——兼谈教育技术学走向"循证科学"之关键问题［J］. 现代远程教育研究，2013（1）：40-48.

钟柏昌，李艺. 信息技术课程内容组织的三层架构［J］. 电化教育研究，2012，33（5）：17-21，35.

钟岑岑. 国内数字教材研究现状文献综述［J］. 数字教育，2016，2（5）：12-18.

钟启泉. 现代课程编制的若干问题［J］. 教育研究，1989（5）：53-58.

周荣庭，武伟，梁琰. 信息化教学模式下科学数字教材智能化创新与实践探索——以美丽化学为例［J］. 科技与出版，2017（11）：20-23.

朱彩兰，李艺. 电子教材的本质辨识：来自三个世界的观察［J］. 电化教育研究，2017，38（11）：75-80.

朱忠琴. 论中小学课程内容组织的连续性［J］. 当代教育科学，2017（2）：42-45.

二、外文文献

Clark R C, Lyons C. Graphics for learning, proven guidelines for planning, designing, and evaluating visuals in training materials（2nd ed.）［M］. San Francisco：Pfeiffer, 2011.

Clark R C, Mayer R E. E-Learning and the science of instruction, proven guidelines for consumers and designers of multimedia learning（4th edition）［M］. New Jersey：Wiley, 2016.

Clark R E. Learning from media［M］. Greenwich, CT：Information Age Publishing, 2001.

Hattie J, Yates G. Visible learning and the science of how we learn

[M]. New York: Routledge, 2014.

Oliva P F. Developing the curriculum [M]. Boston: Allyn and Bacon, 2005.

Paas F, Renkl A, Sweller J. Cognitive load theory: A special issue of educational psychologist[M]. New York: Routledge, 2016.

Rosen L D. Rewired: Understanding the iGeneration and the way they learn[M]. New York: Palgrave Macmillan, 2010.

Sammler S. The palgrave handbook of textbook studies [M]. New York: Palgrave Macmillan, 2018.

Spector J M, Merrill M D, Elen J, et al. Handbook of research on educational communications and technology[M]. New York: Springer, 2013.

Sweller J, Ayres P, Kalyuga S. Cognitive load theory [M]. New York: Springer, 2011.

Sweller J, Ayres P, Kalyuga S. Explorations in the Learning sciences, instructional systems and performance technologies[M]. New York: Springer, 2011.

Amadieu F, Claudette M, Laimay C. The attention-guiding effect and cognitive load in the comprehension of animations[J]. Computers in Human Behavior, 2011, 27(1): 36-40.

Amadieu F, Gog T V, Paas F, et al. Effects of prior knowledge and concept-map structure on disorientation, cognitive load, and learning[J]. Learning & Instruction, 2009, 19(5): 376-386.

Aragon S R. Creating social presence in online environments [J]. New Directions for Adult & Continuing Education, 2010, 2003(100): 57-68.

Atkinson R K, Derry S J, Wortham R D. Learning from examples: instructional principles from the worked examples research[J]. Review of Educational Research, 2000, 70(2): 181-214.

Atkinson R K, Renkl A, Merrill M M. Transitioning from studying examples to solving problems: Effects of self-explanation prompts and fading worked-out steps[J]. Journal of Educational Psychology, 2003, 95(4): 774-783.

Aulls W M. The contributions of co-occurring forms of classroom discourse and academic activities to curriculum events and instruction [J]. Journal of Educational Psychology, 2002, 94(3): 520-538.

Ayres P, Marcus N, Chan C, et al. Learning hand manipulative tasks: When instructional animations are superior to equivalent static representations[J]. Computers in Human Behavior, 2009, 25(2): 348-353.

Ayub M S M, Talib O, Siew N M. The perceptions of users regarding multimedia principles in mobile-based japanese language learning[J]. Turkish Online Journal of Educational Technology. 2018, 17(3): 113-124.

Beckmann J. Taming a beast of burden—on some isues with the conceptualisation and operationalisation of cognitive load[J]. Learning and Instruction, 2010(20): 250-264.

Besana G, Dettori L. Together is better: Strengthening the confidence of women in computer science via a learning community[J]. Journal of Computing Sciences in Colleges, 2004, 19(5): 130-139.

Bishop M J, Amankwatia T B, Cates W M. Sound's use in instructional software to enhance learning: A theory-to-practice content analysis [J]. Educational Technology Research and Development, 2008, 56: 467-486.

Bossche V D, P. Social and cognitive factors driving teamwork in collaborative learning environments: Team learning beliefs and behaviors [J]. Small Group Research, 2006, 37(5): 490-521.

Boucheix J M, Lowe R K, Putri D K, Groff J. Cueing animations: Dynamic signaling aids information extraction and comprehension[J]. Learning and Instruction, 2013, 25: 71-84.

Brunstein A, Betts S, Anderson J R. Practice enables successful learning under minimal guidance [J]. Journal of Educational

Psychology, 2009, 101(4): 790-802.

Carney R N, Levin J R. Pictorial illustrations still improve students' learning from text[J]. Educational Psychology Review, 2002, 14(1): 5-26.

Céline B, Butera F, Mugny G. Resource interdependence, student interactions and performance in cooperative learning [J]. Educational Psychology, 2004(24): 291-314.

Chang P C, Chou S Y, Shieh K K. Reading performance and visual fatigue when using electronic paper displays in long-durarion reading tasks under various lighting conditions[J]. Displays, 2013, 34 (3): 208-214.

Chen C H, Liu G Z, Hwang G J. Interaction between gaming and multistage guiding strategies on students' field trip mobile learning performance and motivation [J]. British Journal of Educational Technology, 2016, 47(6): 1032-1050.

Chen C M, Hsu S H. Personalized intelligent mobile learning system for supporting effective english learning [J]. Educational Technology & Society, 2008, 11(3): 153-180.

Cheon J, Grant M M. The effects of metaphorical interface on germane cognitive load in Web-based instruction [J]. Educational Technology, Research and Development, 2012, 60(3): 399-420.

Chneider S, Beege M, Nebel S, et al. A meta-analysis of how signaling affects learning with media[J]. Educational Research Review, 2017, 23(1): 1-24.

Choi H H, Van Merrienboer J J G, Paas F. Effects of the physical environment on cognitive load and learning: Towards a new model of cognitive load [J]. Educational Psychology Review, 2014, 26 (2): 225-244.

Clark R C, Nguyen F, Sweller J. Efficiency in learning: Evidence-based guidelines to manage cognitive Load [J]. Performance Improvement, 2007, 10(3): 325-326.

Cooper G, Tindall-Ford S, Chandler P, et al. Learning by imagining[J]. Journal of Experimental Psychology: Applied, 2001, 7 (1): 68-82.

Crooks S M, Cheon J, Inan F, et al. Modality and cueing in multimedia learning: Examining cognitive and perceptual explanations for the modality effect[J]. Computers in Human Behavior, 2012, 28 (3): 1063-1071.

Crooks S, White D, Srinivasan S, et al. Temporal, but not spatial, contiguity effects while studying an interactive geographic map [J]. Journal of Educational Multimedia & Hypermedia, 2008, 17(2): 145-169.

Daniel D B, Woody W D. E-textbooks at what cost? Performance and use of electronic vs. print texts[J]. Computers & Education, 2013, 62: 18-23.

Davis R O. The impact of pedagogical agent gesturing in multimedia learning environments: A meta-analysis [J]. Educational Research Review, 2018, 24: 193-209.

De Bruin A B H, Van Merriënboer J J G. Bridging cognitive load and self-regulated learning research: A complementary approach to contemporary issues in educational research [J]. Learning and Instruction, 2017: 1-9.

DinçEr S, DoggAnay A. The effects of multiple-pedagogical agents on learners' academic success, motivation, and cognitive load [J]. Computers & Education, 2017, 111: 74-100.

Domagk S, Schwartz R N, et al. Interactivity in multimedia learning: An integrated model [J]. Computers in Human Behavior, 2010, 26(5): 1024-33.

Eunjoon R U, Plass J L, Hayward E O, et al. Emotional design in multimedia learning[J]. Journal of Educational Psychology, 2012, 104(2): 485-498.

Faghih B, Azadehfar M R, Katebi S D. User Interface design for e-learning software[J]. Computer Science, 2013, 3(3): 786-794.

Fiorella L, Mayer R E. Effects of observing the instructor draw diagrams on learning from multimedia messages. [J]. Journal of Educational Psychology, 2016, 108(4): 528-546.

Fraser K, Huffman J, Ma I, et al. The emotional and cognitive impact of unexpected simulated patient death [J]. CHEST Journal, 2014, 145(5): 958-963.

Fraser K L, Ayres P, Sweller J. Cognitive load theory for the design of medical simulations[J]. Simulation in Healthcare: The Journal of the Society for Simulation in Healthcare, 2015, 10(5): 295-307.

Gardner A K, Clanton J, Jabbour I I, et al. Impact of seductive details on the acquisition and transfer of laparoscopic suturing skills: Emotionally interesting or cognitively taxing? [J]. Surgery, 2016, 160 (3): 580-585.

Gerjets P, Scheiter K, Catrambone R. Designing instructional examples to reduce intrinsic cognitive load: Molar versus modular presentation of solution procedures[J]. Instructional Science, 2004, 32 (1): 33-58.

Ginns P. Meta-analysis of the modality effect [J]. Learning & Instruction, 2005, 15(4): 313-331.

Ginns P. Imagining instructions: Mental practice in highly cognitive domains[J]. Australian Journal of Education, 2005, 49(2): 128-140.

Ginns P. Integrating information: A meta-analysis of the spatial contiguity and temporal contiguity effects [J]. Learning & Instruction, 2006, 16(6): 511-525.

Gog T V, Paas F, Marcus N, et al. The Mirror neuron system and observational learning: Implications for the effectiveness of dynamic visualizations[J]. Educational Psychology Review, 2009, 21(1): 21-30.

Guan Y H. A study on the learning efficiency of multimedia-presented, computer-based science information [J]. Journal of

Educational Technology & Society, 2009, 12(1): 62-72.

Guo Y R, Goh H L. Affect in embodied pedagogical agents: meta-analytic review[J]. Journal of Educational Computing Research, 2015, 53(1): 124-149.

Hegarty M, Canham M S, Fabrikant S I. Thinking about the weather: How display salience and knowledge affect performance in a graphic inference task[J]. Journal of Experimental Psychology Learning Memory & Cognition, 2010, 36(1): 37-53.

Hidayat N, Hadi S, Basith A, Suwandi S. Developing e-learning media with the contiguity principle for the subject of autocad[J]. Jurnal Pendidikan Teknologi dan Kejuruan, 2018, 24(1): 72-82.

Hmelo-Silver C E, Duncan R G, Chinn C A. Scaffolding and achievement in problem-based and inquiry learning: A response to lkirschner, Sweller, and Clark[J]. Educational Psychologist, 2007, 42(2): 99-107.

Holsanova J, Holmberg N, Holmqvist K. Reading information graphics: The role of spatial contiguity and dual attention guidance[J]. Applied Cognitive Psychology, 2009, 23: 1215-1226.

Hostetter A B. When do gestures communicate? A meta-analysis. [J]. Psychological Bulletin, 2011, 137(2): 297-315.

Hsu, C, Hwang G, Chang, C. A personalized recommendation based mobile learning approach to improving the reading performance of EFL students[J]. Computers & Education. 2013, 63(2): 327-336.

Hsu Y C, Boling E. An approach for designing composite metaphors for user interfaces[J]. Behaviour & Information Technology, 2007, 26(3): 209-220.

Huang Y, Liang T, Su T, Chen N. Empowering personalized learning with an interactive e-book learning resources adaptation[J]. Educational Technology Research and Development, 2012, 60(4): 703-722.

Johnson A M, Ozogul G, Reisslein M. Supporting multimedia

learning with visual signalling and animated pedagogical agent: moderating effects of prior knowledge[J]. Journal of Computer Assisted Learning, 2015, 31(2): 97-115.

Johnson D W, Johnson R T, Stanne M B. Impact of goal and resource interdependence on problem-solving success [J]. Journal of Social Psychology, 2001(129): 621-629.

Joolingen W R V, Jong T D, Lazonder A W, et al. Co-Lab: research and development of an online learning environment for collaborative scientific discovery learning [J]. Computers in Human Behavior, 2005, 21(4): 671-688.

Kalyuga S. Expertise reversal effect and its implications for learner-tailored instruction [J]. Educational Psychology Review, 2007, 19 (4): 509-539.

Kalyuga S, Ayres P, Chandler P, et al. The expertise reversal effect[J]. Educational Psychologist, 2003, 38(1): 23-31.

Kalyuga S, Chandler P, Sweller J. Learner experience and efficiency of instructional guidance[J]. Educational Psychology, 2001, 21(1): 5-23.

Kalyuga S, Chandler P, Sweller J. Incorporating learner experience into the design of multimedia instruction [J]. Journal of Educational Psychology, 2000, 92(1): 126-136.

Kalyuga S, Chandler P, Sweller J. When redundant on-screen text in multimedia technical instruction can interfere with learning [J]. Human Factors: The Journal of the Human Factors and Ergonomics Society, 2004, 46(3): 567-581.

Kester L, Paas F. Instructional interventions to enhance collaboration in powerful learning environments [J]. Computers in Human Behavior, 2005, 21(4): 689-696.

Kim Y, Lim J H. Gendered socialization with an embodied agent: Creating a social and affable mathematics learning environment for middle-grade females [J]. Journal of Educational Psychology, 2013,

105(4): 1164-1174.

Kim Y, Xu B, Sharif A. Creating pedagogical agents rendering social context to an online learning environment MathGirls [J]. International Transactions on Systems Science and Applications, 2008, 4(2): 99-106.

Kirschner F, Paas F, Kirschner P A. Individual and group-based learning from complex cognitive tasks: Effects on retention and transfer efficiency[J]. Computers in Human Behavior, 2009, 25 (2): 306-314.

Kirschner P, Sweller J, Clark R E. Why minimally guided learning does not work: An analysis of the failure of discovery learning, problem-based learning, experiential learning and inquiry-based learning[J]. Educational Psychologist, 2006, 41(2): 75-86.

Koedinger K R, Aleven V. Exploring the assistance dilemma in experiments with cognitive tutors [J]. Educational Psychology Review, 2007, 19(3): 239-264.

Koh, Dresang E. Modeling and assessing radical change youth information behavior in the digital age: a pilot study [J]. Proceedings of the American Society for Information Science and Technology, 2009, 46 (1): 1-7.

Koning B B D, Tabbers H, Rikers R M J P, et al. Attention guidance in learning from a complex animation: Seeing is understanding? [J]. Learning & Instruction, 2010, 20(2): 111-122.

Koper R. An introduction to learning design[J]. Learning design, 2005: 3-20.

Korbach A, Brünken, Roland, Park B. Learner characteristics and information processing in multimedia learning: A moderated mediation of the seductive details effect [J]. Learning and Individual Differences, 2016, 51: 59-68.

Kuhn D. Is Direct instruction an answer to the right question? [J]. Educational Psychologist, 2007, 42(2): 109-113.

Langfred C W. Work-group design and autonomy: A field study of the interaction between task interdependence and group autonomy[J]. Small Group Research, 2000, 31(1): 54-70.

Lau K H, Lam T, Kam B H, et al. The role of textbook learning resources in e-learning: A taxonomic study [J]. Computers & Education, 2018, 118: 10-24.

Leahy W, Chandler P, Sweller J. When auditory presentations should and should not be a component of multimedia instruction[J]. Applied Cognitive Psychology, 2003, 17(4): 401-418.

Leahy W, Sweller J. Interactions among the imagination, expertise reversal, and element interactivity effects[J]. Journal of Experimental Psychology Applied, 2005, 11(4): 266-276.

Lee C H, Kalyuga S. Effectiveness of on-screen pinyin in learning Chinese: An expertise reversal for multimedia redundancy effect[J]. Computers in Human Behavior, 2011, 27(1): 11-15.

Lee J. The effects of visual metaphor and cognitive style for mental modeling in a hypermedia-based environment [J]. Interacting with Computers, 2007, 19(5-6): 614-629.

Lehman S, Schraw G, Mccrudden M T, et al. Processing and recall of seductive details in scientific text [J]. Contemporary Educational Psychology, 2007, 32(4): 569-587.

Leppink J, Angelique V D H. The evolution of cognitive load theory and its application to medical education[J]. Perspectives on Medical Education, 2015, 4(3): 119-127.

Leppink J, Duvivier R. Twelve tips for medical curriculum design from a cognitive load theory perspective[J]. Medical Teacher, 2016, 38(7): 669-674.

Leppink J, Paas F, Vleuten C P M V D, et al. Development of an instrument for measuring different types of cognitive load [J]. Behavior Research Methods, 2013, 45(4): 1058-1072.

Lin L, Atkinson R K. Using animations and visual cueing to

support learning of scientific concepts and? processes[J]. Computers & Education, 2011, 56(3): 650-658.

Mäntylä T. Didactical reconstruction of processes in knowledge construction: Pre-service physics teachers learning the law of electromagnetic induction[J]. Research in Science Education, 2011, 42: 791-812.

Marcus N, Cleary B, Wong A, et al. Should hand actions be observed when learning hand motor skills from instructional animations? [J]. Computers in Human Behavior, 2013, 29(6): 2172-2178.

Mayer R E. Nine ways to reduce cognitive load in multimedia learning[J]. Educational psychologist, 2003, 38: 43-52.

Mayer R E. Should there be a three-strikes rule against pure discovery learning: The case for guided methods of instruction. American Psychologist, 2004, 59(1), 14-19.

Mayer R E, DeLeeuw K E, Ayres P. Creating retroactive and proactive interference in multimedia learning [J]. Applied Cognitive Psychology, 2007(21): 795-809.

Mayer R E, Griffith E, Jurkowitz I T N, et al. Increased interestingness of extraneous details in a multimedia science presentation leads to decreased learning[J]. Journal of Experimental Psychology: Applied, 2008, 14(4): 329-339.

Mayer R E, Lee H, Peebles A. Multimedia learning in a second language[J]. Applied Cognitive Psychology, 2014, 28: 653-660.

McLaren B M, van Gog T, Ganoe C, Karabinos M, Yaron D. The efficiency of worked examples compared to erroneous examples, tutored problem solving, and problem solving in computer-based learning environments[J]. Computers in Human Behavior. 2016, 55: 87-99.

Merkt M, Weigand S, Heier A, Schwan S. Learning with videos vs. learning with print[J]. Learning and Instruction, 2011, 21(6): 687-704.

Moreno R, Flowerday T. Students' choice of animated pedagogical agents in science learning: A test of the similarity-attraction hypothesis on gender and ethnicity [J]. Contemporary Educational Psychology, 2006, 31(2): 186-207.

Moreno R. Optimising learning from animations by minimising cognitive load: cognitive and affective consequences of signalling and segmentation methods [J]. Applied Cognitive Psychology, 2010, 21 (6): 765-781.

Moreno R, Ortegano-Layne L. Do classroom exemplars promote the application of principles in teacher education? A comparison of videos, animations, and narratives [J]. Educational Technology Research & Development, 2008, 56(4): 449-465.

Morgan R L, Whorton J E, Gunsalus C. A comparison of short-term and long-term retention: Lecture combined with discussion versus cooperative learning [J]. Journal of Instructional Psychology, 2000, 27: 53-58.

Munneke L, Andriessen J, Kanselaar G, et al. Supporting interactive argumentation: Influence of representational tools on discussing a wicked problem[J]. Computers in Human Behavior, 2007, 23(3): 1072-1088.

Nebel S, Schneider S, Schledjewsk J, Rey G D. Goal-setting in educational video games: comparing goal-setting theory and the goal-free effect[J]. Simulation & Gaming 2017, 48(1): 98-130.

Neerincx M A. Cognitive task load design: Model, methods and examples[A]. Handbook of Cognitive Task Design, 2003: 283-305.

Nückles M, Hübner S, Dümer S, Renkl A. Expertise reversal effects in writing-to-learn [J]. Instructional Science, 2010, 38 (3): 237-258.

Ozcelik E, Arslan-Ari I, Cagiltay K. Why does signaling enhance multimedia learning? Evidence from eye movements[J]. Computers in Human Behavior, 2010, 26(1): 110-117.

Paas F, Gog T V. Optimising worked example instruction: Different ways to increase germane cognitive load [J]. Learning & Instruction, 2006, 16(2): 87-91.

Paas F, Renkl A, Sweller J, Cognitive load theory and instructional design: Recent developments [J]. Educational Psychologist, 2003, 38(1): 1-4.

Paas F, Tuovinen J E, Tabbers H, et al. Cognitive load measurement as a means to advance cognitive load theory [J]. Educational Psychologist, 2003, 38(1): 63-71.

Park B, Moreno R, Seufert T, et al. Does cognitive load moderate the seductive details effect? A multimedia study [J]. Computers in Human Behavior, 2011, 27(1): 5-10.

Park S, Oliver J S. Revisiting the conceptualisation of pedagogical content knowledge (PCK): PCK as a conceptual tool to understand teachers as profesionals [J]. Research in Science Education, 2008 (38): 261-284.

Pashler H, McDaniel M, Rohrer D, Bjork R. Learning styles: Concepts and evidence[J]. Psychological Science in the Public Interest, 2008(9): 105-119.

Proske A, Narciss S, Korndle H. Interactivity and learners' achievement in Web-based learning[J]. Journal of Interactive Learning Research, 2007, 18(4): 511-531.

Reisslein J, Atkinson R K, Seeling P, et al. Encountering the expertise reversal effect with a computer-based environment on electrical circuit analysis[J]. Learning and Instruction, 2006, 16(2): 92-103.

Renkl A, Atkinson R K. Interactive learning environments: contemporary issues and trends. An introduction to the special issue[J]. Educational Psychology Review, 2007, 19: 235-238.

Richter J, Scheiter K, Eitel A. Signaling text-picture relations in multimedia learning: A comprehensive meta-analysis [J]. Educational Research Review, 2016, 17: 19-36.

Rockinson-Szapkiw A J, Courduff J, Carter K, Bennett D. Electronic versus traditional print textbooks: A comparison study on the in use of university students' learning[J]. Computers & Education, 2013, 63: 259-266.

Rose J M, Wolfe C J, Chapman C. The effects of system design alternatives on the acquisition of tax knowledge from a computerized tax decision aid[J]. Accounting Organizations & Society, 2000, 25(3): 285-306.

Salas E, Sims D, Burke C. Is there a 'Big Five' in teamwork? [J]. Small Group Research, 2005, 36: 555-599.

Schmidt-Weigand F, Kohnert A, Glowalla U. A closer look at split attention in system and self-paced instruction in multimedia learning[J]. Learning and Instruction, 2010, 20: 100-110.

Schnotz W. Reanalyzing the expertise reversal effect [J]. Instructional Science, 2010, 38(3): 315-323.

Schnotz W, Bannert M. Construction and interference in learning from multiple representation [J]. Learning & Instruction, 2012, 13 (2): 141-156.

Schnotz W, Christian Kürschner. A reconsideration of cognitive load theory[J]. Educational Psychology Review, 2007, 19(4): 469-508.

Schnotz W, Rasch T. Enabling, facilitating, and inhibiting effects of animations in multimedia learning: Why reduction of cognitive load can have negative results on learning [J]. Educational Technology Research and Development, 2005, 53(3): 47-58.

Schroeder N L, Adesope O O, Gilbert R B. How effective are pedagogical agents for learning? A meta-analytic review[J]. Journal of Educational Computing Research, 2013, 49(1): 1-39.

Schroeder N L, Adesope O O. A systematic review of pedagogical agents' persona, motivation, and cognitive load implications for learners[J]. Journal of Research on Technology in Education, 2014,

46(3): 229-251.

Schroeder N L, Cenkci A T. Spatial contiguity and spatial split-attention effects in multimedia learning environments: A meta-analysis [J]. Educational Psychology Review. 2018, 30(3): 679-701.

Schüler A, Scheiter K, Rummer R, et al. Explaining the modality effect in multimedia learning: Is it due to a lack of temporal contiguity with written text and pictures? [J]. Learning & Instruction, 2012, 22 (2): 92-102.

Sirwan M G, Wakil K, Sirwan N S. The effectiveness of microlearning to improve students' learning ability [J]. International Journal of Educational Research Review. 2018(3): 32-38.

Sung E, Mayer R E. When graphics improve liking but not learning from online lessons [J]. Computers in Human Behavior, 2012, 28: 1618-1625.

Sweller J. Element interactivity and intrinsic, extraneous, and germane cognitive load [J]. Educational Psychology Review, 2010, 22 (2): 123-138.

Sweller J. In academe, what is learned, and how is it learned? [J]. Current Directions in Psychological Science, 2015 (24): 190-194.

Sweller J. Instructional design consequences of an analogy between evolution by natural selection and human cognitive architecture [J]. Instructional Science, 2004(32): 9-31.

Sweller J. In academe, what is learned and how is it learned? [J] Current Directions in Psychological Science, 2015(24): 190-194.

Sweller J. Cognitive load theory, evolutionary educational psychology, and instructional design [J]. Evolutionary Perspectives on Child Development and Education, 2016: 291-306.

Sweller J, Paas F. Should self-regulated learning be integrated with cognitive load theory? A commentary [J]. Learning & Instruction, 2017: 51.

Tallent-Runnels M K, Thomas J A, Lan W Y, Cooper S, Ahern T C, Shaw S M, Liu X. Teaching courses online: A review of the research[J]. Review of Educational Research, 2006, 76(1): 93-135.

Tzouveli P, Mylonas P, Kollias S. An intelligent e-learning system based on learner profiling and learning resources adaptation [J]. Computers & Education, 2008, 51(1): 224-238.

Um E R, Plass J L, Hayward E O, Homer B D. Emotional design in multimedia learning[J]. Journal of Educational Psychology, 2012, 104: 485-498.

Van Gog T. The signaling (or cueing) principle in multimedia learning [J]. Cambridge Handbook of Multimedia Learning, 2014: 263-278.

Van Merriënboer J J G, Kirschner P A, Kester L. Taking the load off a learner's mind: Instructional design for complex learning [J]. Educational Psychologist, 2003, 38(1): 5-13.

Varma R. Women in information technology: A case study of undergraduate students in a minority-serving institution[J]. Bulletin of Science, Technology and Society, 2002, 22: 274-282.

Vogel-Walcutt J J, Gebrim J B, Bowers C, et al. Cognitive load theory vs. constructivist approaches: which best leads to efficient, deep learning? [J]. Journal of Computer Assisted Learning, 2011, 27(2): 133-145.

Watson G, Butterfield J, Curran R, et al. Do dynamic work instructions provide an advantage over static instructions in a small scale assembly task? [J]. Learning & Instruction, 2010, 20(1): 84-93.

Westelinck K D, Valcke M, Craene B D, et al. Multimedia learning in social sciences: Limitations of external graphical representations[J]. Computers in Human Behavior, 2005, 21 (4): 555-573.

Wetzels S, Kester L, Van Merriënboer J. Adapting prior knowledge activation: Mobilisation, perspective taking, and learners'

prior knowledge [J]. Computers in Human Behavior, 2011, 27(1):
16-21.

Wong A, Marcus N, Ayres P, et al. Instructional animations can
be superior to statics when learning human motor skills [J]. Computers
in Human Behavior, 2009, 25(2): 339-347.

Woody W D, Daniel D B, Baker C A. E-books or textbooks:
Students prefer textbooks [J]. Computers & Education, 2010, 55(3):
945-948.

Yang Y C, Chuang Y, Li L, Tseng S. A blended learning
environment for individualized English listening and speaking integrating
critical thinking [J]. Computers & Education, 2013, 63(2): 285-305.

Yue C L, Bjork E L, Bjork R A. Reducing verbal redundancy in
multimedia learning: An undesired desirable difficulty? [J] Journal of
Educational Psychology, 2013(105): 266-277.